島のてっぺんから 日本の今が見える

シマ好きバンカーの島学こと始め

小池光一 著

みやざき文庫 137

プロローグ

島のてっぺんに立って、この国の今と行先を見つめ直してみたい

「一体何だ。このニオイは！」

社会人一年生の夏、初めて離島へ旅した。

東京の南の海上に浮かぶ、伊豆諸島の新島（にいじま）。歓迎してくれたのは、今でも忘れがたい「ニオイ」と「空気」だった。

何世代も受け継がれてきた製法が造りだした、濃厚な香りの芋焼酎。そして、江戸時代からの秘伝の漬け汁が染み込んだ、強烈に香るクサヤの干物。島を取り巻いているのは、白く輝くコーガ石の絶壁と、陽光を浴びて青く透きとおった海。いつも吸っているのとは違う空気。

東京育ちの心身は、島に漂う「香りの洗礼」と、「別世界の趣き」に魅了されてしまった。そこから銀行勤めの寸暇をおしんで、島を巡り歩く人生が始まる。

島に渡ると、なるべく高い場所まで登ってみる。小さい島では、小高い丘のてっぺんからでも、海に囲まれた３６０度の眺望が得られる。海岸線で描き出された地球上の一点に、「自らの足で立っている」のを実感する。あらためて、自分自身の存在が見えてくる瞬間だ。

外海に孤立した離島には、ほかの土地とは異なる、独自の世界が展開している。そこは、「小さな独立国」。本土からは、いろいろな意味で隔絶されている。それゆえに、現代が失ってしまった「古代の日本」ですら、外部に散逸してしまわず、今に伝わる島人の風俗習慣や人情の中に、ひっそりと息づいている。だから、「島のてっぺんから眺めれば、日本の今も見えてくる」。そんな気がする。

しかし、島々は、絵画的な美観や、古くからの奥深い情緒、歴史の厚味に満ちているだけではない。荒波が寄せる島々の地域社会は、宿命的な厳しい生活条件に縛られて、幾多の苦悩を強いられてもいる。日本社会の今後の課題を先取りしている面も少なくない。

そして、この国が、個性豊かな無数の島を領有している国益上の意義には、きわめて大きいものがある。

島のアレコレを通じて、わが国が抱えている課題や、この先の道筋を見つめ直してみたい。

そこで、自らの「島学こと始め」の想いも込めて、小著をつづることにした。多くの人と、島に関する基本的な認識を共有できれば、幸いである。

もとより、ただ島が好きだという元バンカーが記す雑文に過ぎない。素人の聞きかじりの域に止(とど)まるし、誤解や思い込みも多いかもしれない。

ただ、わが国の宝である島々に、もっと光を当てられないか、島歩きから新たな気づきを得られないか、その熱い気持ちは誰にも負けないと自負している。

島のてっぺんに立てば、必ずや何かが見えてくる。

令和元年七月

＊掲載している絵は、筆者による色エンピツ画である。

島国ニッポン
（本書に登場する島）
ロシア
礼文島
「日本最北端」
（有人島）
利尻島
焼尻島
弁天島
（エサンベ鼻
北小島）
小島
奥尻島
佐渡島
舳倉島
網地島
琵琶島
（野尻湖）
隠岐島
越智諸島
伊豆諸島
豆南諸島
小笠原諸島
伊豆大島
利島
新島
式根島
神津島
三宅島
御蔵島
八丈島
青ヶ島
西之島
父島
硫黄島
南鳥島
「日本最東端」
沖ノ鳥島　「日本最南端」（無人島）

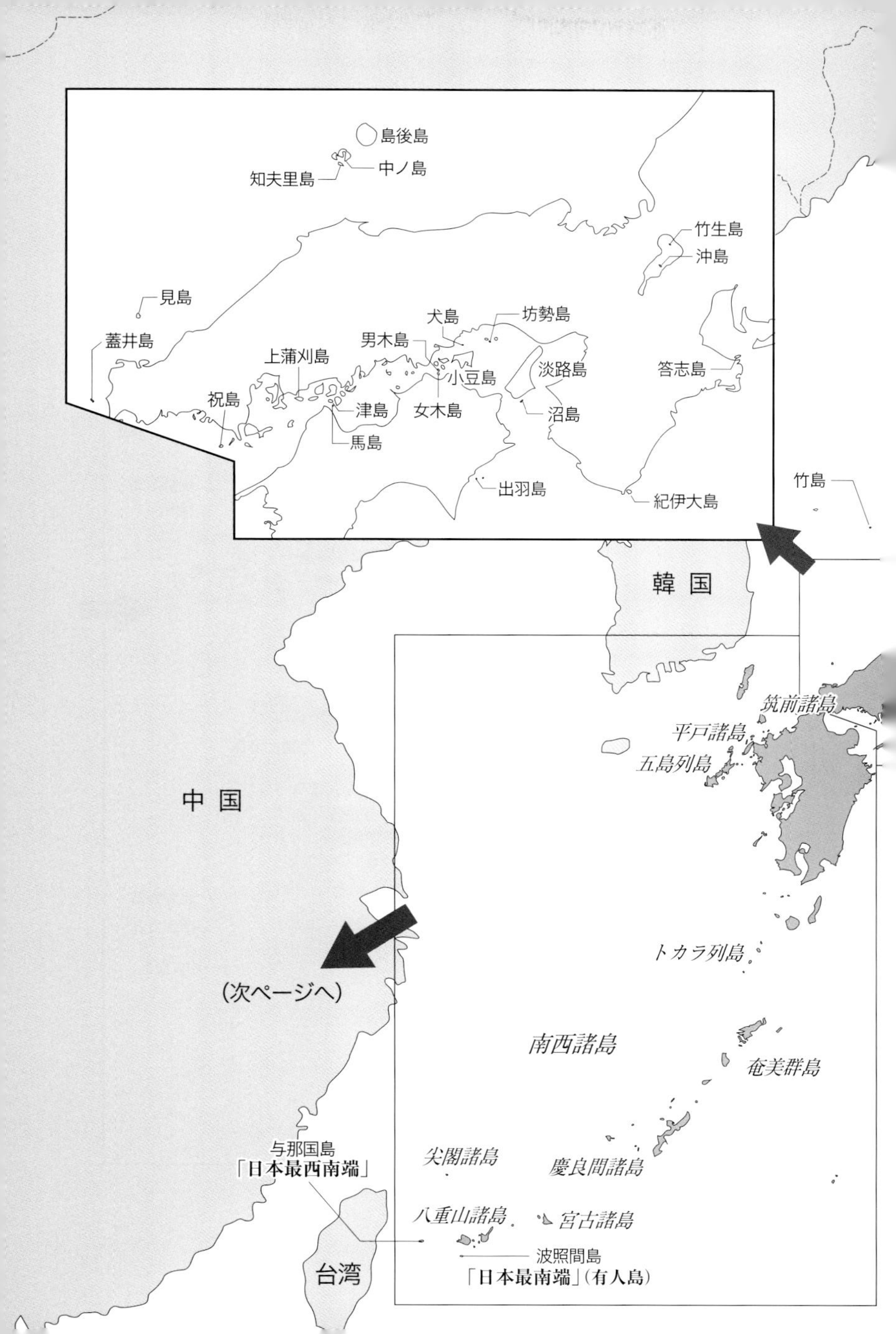
島後島
中ノ島
知夫里島
竹生島
沖島
見島
犬島
坊勢島
蓋井島
男木島
上蒲刈島
淡路島
答志島
小豆島
祝島
津島
女木島
沼島
馬島
出羽島
紀伊大島
竹島
韓 国
筑前諸島
平戸諸島
五島列島
中 国
トカラ列島
(次ページへ)
南西諸島
奄美群島
与那国島
「日本最西南端」
尖閣諸島
慶良間諸島
八重山諸島
宮古諸島
波照間島
「日本最南端」(有人島)
台湾

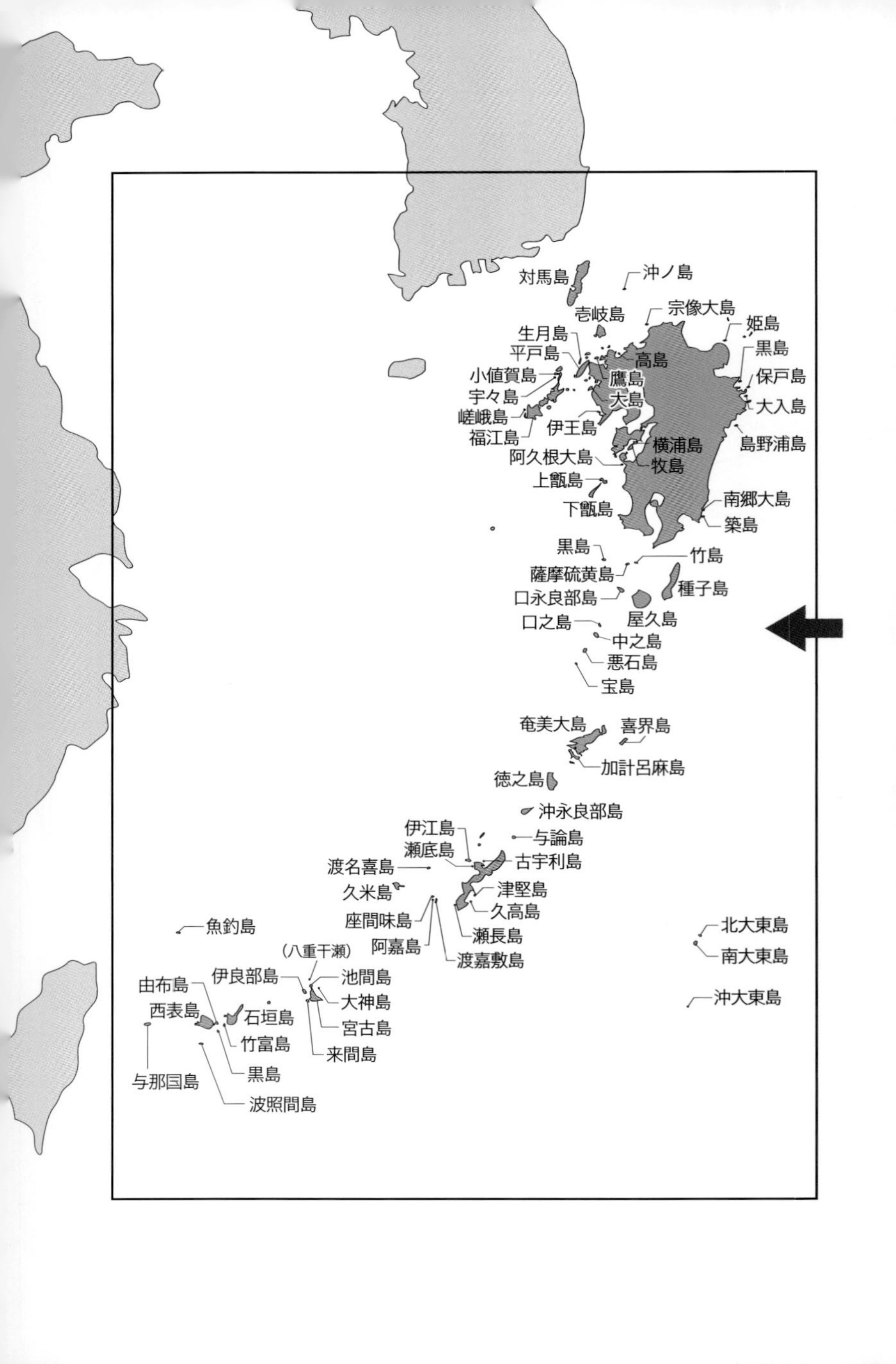
対馬島
沖ノ島
壱岐島
宗像大島
姫島
生月島
平戸島
高島
黒島
小值賀島
鷹島
保戸島
宇々島
大島
大入島
嵯峨島
伊王島
福江島
横浦島
島野浦島
阿久根大島
牧島
上甑島
南郷大島
下甑島
築島
黒島
竹島
薩摩硫黄島
種子島
口永良部島
屋久島
口之島
中之島
悪石島
宝島
奄美大島
喜界島
加計呂麻島
徳之島
沖永良部島
伊江島
与論島
瀬底島
古宇利島
渡名喜島
久米島
津堅島
久高島
座間味島
瀬長島
魚釣島
阿嘉島
渡嘉敷島
北大東島
南大東島
(八重干瀬)
伊良部島
池間島
由布島
大神島
沖大東島
西表島
石垣島
宮古島
竹富島
来間島
黒島
与那国島
波照間島

目次

島のてっぺんから日本の今が見える
――シマ好きバンカーの島学こと始め――

四の旅　島が伝えてきたもの

空中から眺める宝島

一の旅　白波のかなたの別世界

一、島を巡って半世紀

初体験の離島は異国のようだった

「相変わらず一人で島歩きに励んでいるようですね。いつも、まっ黒に日焼けしているわ」

「暇を見つけては、出掛けてますよ」

「沖縄のぱなりじま（離島）には、もう渡り尽くしたんじゃない？　われわれ地元の者よりも詳しいもの」

知り合いのシマンチュ（沖縄の島人）と会うたびに、交わすやりとりだ。

実際、若い頃から、たくさんの島々を歩き回ってきた。自分では、島旅がライフワークになったかな、と思っている。

「離島の桟橋って、こんな雰囲気なのか。海上から遠くに見えた時は小

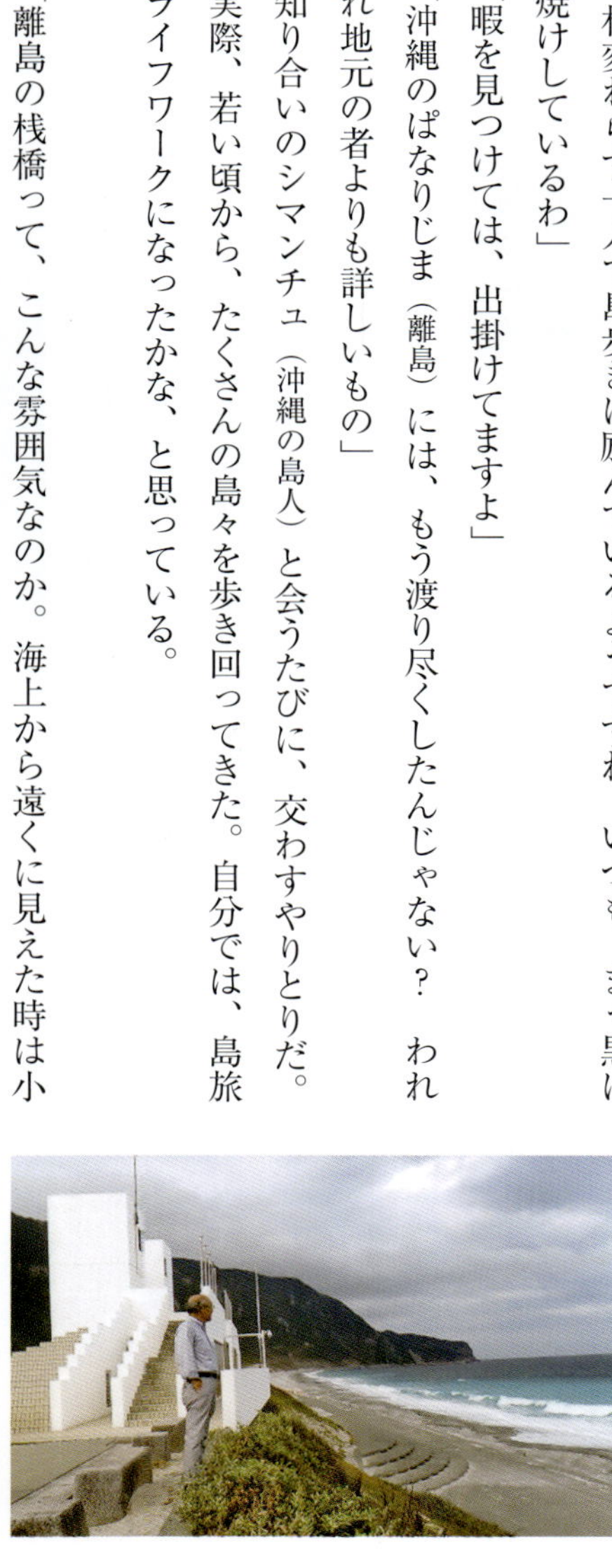

島旅の原点になる
伊豆諸島・新島へ渡る（2018年）

さな山みたいだったけど、上陸してみると、意外に大きな陸地だな」

1970（昭和45）年の盛夏。社会人1年生の筆者は、東京の竹芝港から夜行の客船に乗り込む。一晩揺られて翌朝、東京の南150キロの太平洋に浮かぶ、伊豆諸島の新島に着いた。未体験の離島には、独特の世界が待っていた。

「一杯飲りながら、この魚を食ってみろや。酒に最高に合うから。イシラ（あんた方）都会もんには、ちょっと臭いがきついかもしれんがな」

民宿の庭で供された夕食で、主に勧められる。暮色が迫る辺りの空気に、何やらナゾめいた臭いが充満している。

「これが芋焼酎とクサヤか。聞いていたとおり、半端じゃない臭いだ」

当時の伊豆諸島の酒は、ほとんどが芋の焼酎。江戸時代に八丈島に流された、薩摩の商人が伝えた薩摩焼酎がルーツという。その焼酎文化の伝統を受け継ぐ新島。人生で初めて口にする。

もちろん、焼酎王国を誇る現在の宮崎や鹿児島の洗練された製法が造り出している、マイルドな酒とは、わけが違う。初心者には、かなり覚悟のいる味と香りだった。でも、生まれながらの呑兵衛は、エキゾチックな味

東京竹芝港（1960年頃）
（東京都港湾振興協会提供）

新島・トレッキングコース
（新島観光協会提供）

と香りがすぐに気に入ってしまった。

いまひとつ初めて口にしたのが、伊豆諸島の中でも、新島産が一番旨いとされるクサヤの干物。

貴重な塩を節約するために、干物にする魚を漬けた塩水を繰り返し使いながら、魚の「うまみ」を染み込ませて熟成したのがクサヤ汁。古くは江戸時代から伝わる。その漬け汁につけてから干したムロアジを、目の前で焼いてもらう。かなり強烈な臭いだ。「なるほど、クサヤは〝くさいや〟からきているんだ」と、素直に納得する。これもクセになってしまう、格別の味。ただ、市街地では、絶対に焼けないだろう。

「人生最後の晩飯には、好物のクサヤと、昔風の芋焼酎を用意してくれ」。妻には言い渡してある。

「オラ（わたしたち）が若い頃は、夜になるとな、島のいい娘が、家の雨戸を少し開けて待ってたもんよ。気に入ってる娘の家へ出掛けるわけさ。今じゃ、みんなウンバア（おばあさん）になっちまったがな」

夕食後の満天の星の下。主から、昔の夜這い（よばい）の自慢話を延々と聞かされる。良き（？）

新島産のクサヤの干物
（新島観光協会〈菊孫商店〉提供）

伝統だったらしい。話が面白くて、時間の経つのを忘れてしまう。

「もう、遅くなったから寝た方がいいが」

若い女性スタッフが声をかけてくれる。実は、主の娘さん。夜這い話の余韻もあって、多少のときめきを覚えながら席を立つ。すると、背中から主のドスのきいた声が追いかけてくる。

「イシラよ、ウチの娘に夜バッタリしたら、生きちゃ帰さないからな」

ひ弱なシティボーイは、身を縮めて、大人しく夜具にもぐり込む。なかなか寝つけなかったが。

目覚めると、南国風の原色の花が咲き、都会では見かけない樹木が茂る島の朝。絶景と表現するにふさわしい、白いビーチの景観。感じられるのは、普段の都会生活から解放された爽やかさだけではない。どこか違う国に来ているような、フレッシュな気分。

そんな中で、違和感を覚えるのがひとつ。島の細い道をたまに行き交う車が、東京の品川ナンバー。「ここも東京都なんだ。この空気感からは、とても信じられないけれど」。23歳のハートに刻み込まれた、「近くの島の異国感」。この旅を皮切りに、島を巡り歩く年月がスタートする。

「ここも東京都なんだ」。新島の白いビーチ

島旅を重ねて数百回

２０１８年末の時点で、体験した国内の島は１６０島。島への旅は、延べで４６０回に及ぶ。長いサラリーマン稼業を続けてきた割には、頑張ってきたかなと思う。

「今年中に、あと何島は踏破するぞ」

若い頃は、初めての島への挑戦心が強いだけではなかった。少しでも多くの島を体験したという実績を誇りたい想いが強く、渡った島数の積み上げにこだわった。島旅マニアを気取っていたのだろう。だから、桟橋の周囲と近くの集落を駆け足で見て回っては、次の島へ急ぐような行程も少なくはなかった。それでは、島を旅したとは言えない。さすがに近年は、未知の島ばかりではなく、気に入りの島にこそ何度でも足を運び、深く知りたいという意識がまさっている。10回以上も訪れた島が、幾つかある。

「雲間から島の形が現れてきた。海に縁取られている陸地のほとんどが見える」

三宅島へ飛行機で舞い降りる

島旅は上陸する瞬間が楽しい。初めて訪れた国の空港から、外の街へ一歩足を踏み出す時の興奮と似ている。

日本の海に浮かぶ無数の島のうち、ごく一部の島には、飛行場も設けられている。そうした飛行場はどこも、小ぢんまりとしていて、可愛らしい風景を描いている。上空から大きく旋回した飛行機で、短い滑走路に一気に舞い降りるのはエキサイティングだ。

もちろん、ほとんどの島には、船舶でゆっくりと渡る旅になる。時間はかかるが、海を渡るだけでも、日常性から解放される。船が白波を蹴立てて進むと、目指す島影が水平線から顔を出す。次第に、その姿を大きく浮かびあがらせながら迫ってくる。

海上からは、人の気配が全く感じられない秘境の島や、断崖絶壁だけが立ちはだかる要塞のような島もある。長い船旅を経て、辿り着く異世界。

「果たして、どんな島か。何か珍しいものが待っているか」

ややオーバーな表現になるが、島に接岸する寸前が、島旅で最もときめきを覚える刹那かもしれない。

薩摩硫黄島へフェリーで接近

瀬戸内海の馬島へエレベーターで入島

「エレベーターで入る面白い島がある」。

島へ渡る手段は、船と飛行機だけではない。今治市沖の瀬戸内海に浮かぶ馬島（うましま）。本州と四国を結ぶ来島（くるしま）海峡大橋の橋げたの土台になっているため、飛行機でも船でも車でもなく、橋の上からエレベーターで上陸できる。


夜行のフェリーで、遠くの島に向かう長い行程も退屈はしない。甲板で海原を眺めているだけで、気が休まる。そして、甲板で一杯飲（や）りながら眺める、夕日、月明り、朝焼けは格別だ。大海原と天空が演じる雄大なショーを楽しめる。

もっとも、甲板で夜更や早朝から一人飲んでいるのを見られるのは、さすがに具合が悪い気もする。そこで、わが作戦は、「飲料水用のペットボトルに、水を加えた焼酎を仕込んでおく」。

酒を飲んでいるとは、誰も気がつかないはずだ。人生は、知恵を働かせなければ。もっとも、妻に言わせれば、「飲んでたら臭うから、誤魔かせないわよ。馬鹿ね……」となるのだが。


「よそ者を受け入れてくれて、ありがとう」

一杯と言えば、初上陸の島では、自分なりに、島入りのセレモニーを行うのをルールにしている。

辿り着ける一番高い地点に立ったら、持参した酒を一口含む。そのあと、感謝の気持ちを込めて、御神酒として、周囲に数滴をふりかける。そして、離島時には、必ずビーチで拾った貝ガラか小石を土産として持ち帰る。そもそも、普通の小島で、そこにしかない土産品が手に入るわけではない。他人には何の価値もない、貝ガラなどだが、自分にとっては、大事な入島の記念品だ。島ごとに、小袋に入れて保存してある。

自遊人でなくとも気合で島へいく

銀行マンとして勤め人生活を送ってきたので、自由になる時間のやり繰りなどの面から、多くの島々を歩くのは、そう容易ではなかった。

人は仕事に就いている限り、自分の意思だけで自由に好きなことをする、本当の「自遊人」にはなれない。島に向かうには、何よりも、旅の時間を捻出するのに、相当の工夫を凝らさなければならない。

私の宝物（伊江島の貝）

目的地へどうアクセスするか、現地ではどう移動するか、宿泊先は確保できるか、海が時化(しけ)て帰り船が欠航になったら、どうするか。そうしたアレコレを、ジグソーパズルに挑戦するような気持ちで一生懸命に考え、島に辿り着く具体的計画を練る。ひと仕事になるが、好きなことだから、苦ではない。何としても島に渡るんだという、気合が肝心だ。

さすがに、歳を取ってからは、そうした意欲が衰えないのを、周囲に「若いですねえ」とか「好きですよねえ」と、笑われる。そのとおりだろう。幾つになっても、島旅の前は、遠足を控えた子どもと同じワクワク感に浸っている。同時にいつも、若干の不安感もつきまとっている。実際、不安が現実になることが少なくない。

「また、予約をキャンセルしないとダメか……」

せっかくジックリと計画を練った旅。それなのに、急な公務上の事情や、事前の予報を裏切る天候の急変などによって、しばしば旅立ちに待ったがかかる。出発直前に断念した経験は数え切れない。

目的地に向かう港に着いてから、予約していた船便の欠航を知らされるケースもある。そのまま荷を背負って、自宅へ戻るのは何とも切ないものだ。荷物がいやに重く感じられる。これまで、船会社や島宿に「献

鹿児島南方海上に浮かぶ
大好きな薩摩硫黄島

上」してきたキャンセル料は、相当の額になっているはずだ。

「不思議に思われるかもしれないが、忙しい時期ほど、たくさんの島へいった」

50代の後半、縁があって宮崎銀行に奉職するため、東京から宮崎市へ居を移した。60代は、頭取、会長として経営の舵をとる立場を預かり、いつも時間に追われた。それでも、島への恋心は抑えられない。何とか時間をひねり出しては、その時期でも、年間20回程度のペースで、旅を決行した。

実は、当時が人生で最も多くの島を歩き回った頃かもしれない。決して不思議ではない。人間は、忙しい生活を強いられる時ほど、時間を有効に活用する努力を行う。行動も、時間に余裕がある時期に比べて、より積極的になる。人間が、現役の時代に一番多くの本を読むのは、一般に最も働き盛りの忙しい頃だといわれている。時間に追われると、結果的に「時間の単位価値が高まる」のであろう。

加えて、宮崎での生活は、全国で地域別には島が最も多い九州が拠点という、地の利にも恵まれていた。ちなみに、人の住んでいる島のうち3割は、沖縄を含む九州に属してい

薩摩硫黄島は火山島。
島の周りの海の色は黄土色だ

る。

「ゴルフをやらんのか。そんなことで、ゴルフ王国の宮崎で銀行頭取が務まるのかね」

週末は島行きのチャンスを確保したい。ゴルフのおつき合いをしていては、自由な島時間が遠のいてしまう。だから、在任中はクラブを一切握らなかった。穂がないヤツだ（宮崎の方言で馬鹿）と、陰で厳しく言われていたのは、承知している。ゴルフ王国には、申し訳ない。まあ、仕事は、かろうじて務まっていたつもりだが。

「どこぞかの島に、愛加那（西郷隆盛が奄美の島で愛した現地の妻）みたいな女性を隠しているんだ。おそらく、老いらくの恋にはまり込んでいるに違いないさ。羨ましいような、哀れなような……」

周囲の幹部たちは、休日ごとに喜々として島へ通う姿をみて、本気でそう思っていたらしい。残念ながら、そんな甲斐性はなかった。

島では人と人の距離が近い

「東京人が過疎の宮崎に来ているっていうのに、なんで、もっと過疎の島へ行きたがるのかね」

宮崎では何度も、そう言われた。もちろん、敢えて人の少ない土地を好むわけではない。とにかく、島が呼んでくれるのだ。「そこに山があるから登る」という、登山家の気持ちと同じかもしれない。

ただ、意識の底には、日々の生活に追われ続けているうちに失いかねない、本来の自分を取り戻しにいきたい想いはあった。そのために、なるべく日常とは違う空気を吸いたい。非日常的な光景や自然を目にしたい。だから、本土を連想させるような大きな島よりも、小ぶりな島が気に入っている。

そこでは、歩いていると、海と山が常に同じ視野に入ってくる。海と山の距離が近いほど、いわば「島感」が強く漂う。

「どこからかね」「えろう遠くから来んなさって」「こん島は初めてかね」「何もない所へようこられた」「今晩の宿はあるんかね」

島では、海と山の距離が近いだけではない。道で住人と出会うと、必ずのように親しく声を掛けられる。島は、目に映る人間の営みはまばらな過疎地かもしれない。けれど、人間で溢れている大都会よりも、人と人との間の距離が、はるかに近い。

見知らぬ土地であっても、図ることなく、人の温もりが肌に感じられる。人の情が気持ちを穏やかにしてくれる。幾度も、島から日々を乗り切る力をもらった気がする。

今は、第一線を退いて、いわゆる晴耕雨読に近い生活を過ごしている。世間では、高齢者は常にキョーイクとキョーヨー、つまり「今日いく所」と「今日やる用事」が必要と言われている。実際、仕事人間を無事に卒業したものの、その後の毎日の過ごし方に呻吟（しんぎん）している知人もいる。仕事オンリーで生きてきたからだろう。

幸い、私は時間をもて余すようなことはない。島がある。ライフワークと言うとオーバーになるが、若い時分から、島という、仕事以外にも打ち込める領域をもてた仕合わせを、あらためて痛感している。

人は組織内のみならず、私人として営む家庭生活においても、完全な「自遊人」にはなり得ない。いつも、何かに追われる。だから、少しだけでも自由に息づける、自分なりの時間と空間を探し出せないと辛い。いかに成功し、公私ともに充実した生活を送っているようにみえる人でも、時には息苦しい想いから逃れられない。

自分自身を取り戻せる何かがあればこそ、仕事や私生活のうえで、多少のキツさを感じても、明るく振る舞える。意欲を前向きに維持できる。知人たちでも、仕事ができるうえ、私生活も多忙な人ほど、余暇時間の過ごし方が充実しているようにみえる。余暇時間という表現は、適切ではないかもしれない。余世というに似ている。「自分を取り戻す余裕の時間」と言い換えたい。

プライベートでもオンタイムをもちたい

「きみは今、仕事以外の時間に、生活習慣ではなくて、本気で夢中になれる対象をもっているかね」

「今のところ、格別なものはないな。定年を迎える頃になったら、何かを見つけるつもりでいるよ」

私生活で、家事・育児などとは別に、打ち込めるものがあるかと問うと、中高年層の答えぶりは、いずれも似ている。私人としてのライフワークを模索するのを、将来課題にしてしまっている。

だけど、年寄りになってからでは、遅い。定年で退職したり、第一線を退けば、時間はタップリ使える。それでも、現役の時代に出会わなかった「何か」を新たに探し出して、身につけようとするのは、決して容易ではないと思う。

現役の頃の緊張感こそが、自由な息づきの場に向かう大事な原動力になる。しかも、とくに忙しい時期にこそ、非日常的な何かを求める気力が湧くのではないか。新たなものに挑戦する気合を高められるのではないか。もちろん、体力も不可欠な要素になる。

だからこそ、前途ある若い人たちには、心から勧めたい。ぜひとも、若いうちに職業（仕事）とは別に、かけがえのない人生の時間を傾けられる、自分自身のテーマなり、打ち込める対象を見出してほしい。


昨今のわが国では、長時間労働が問題視され、いわゆるライフバランスの改善が強く求められている。多くの企業や各種の組織が、ライフバランスの改善を実践するための、働き方改革に取り組んでいる。同時に、勤務時間の短縮などを可能にする、生産性の向上という、難しい課題に直面している。今後、腰を据えた経営努力が必要になろう。

ただ、個人の立場で大事なのは、仕事と、家事や育児の両立という、一般的な意味での、ライフバランスに止めないことではないか。

日常の生活を営むうえで、いわゆるオンとオフの好バランスは、言うまでもなく重要だ。良き家庭人でなくして、良き職業人にはなれない。逆も然り。さらに加えて、組織人としても、個人の立場としても、積極性に富む充実した時間を悔いなく過ごしていく人生が大切だ。

そのためには、どうすべきか。公、私ともに、オンタイムをもつ生き方ではないか。仕事のオンとは全く別に、私人としての自分のオンタイムをもつべしという考え方だ。「仕事オンリーの人間」でも、「仕事は適当にして、オフを楽しむ人間」でも、通用しない時代である。そもそも、いずれの生き方も、中途半端な満足感しか得られないだろう。

職業に従事するオンタイムと、家庭生活に励むというオフタイムをしっかりと両立させたうえで、プライベートのオンタイムをもちたい。「公私ともにオンタイムに真剣に取り組む」。その意義を理解してほしい。

プライベートのオンタイムに位置づける具体的な対象は、もとより個々人によって様々になろう。ゴルフや囲碁などの腕を上げることに励むのもよし。特定のテーマの研究などに没頭するのもよし。ボランティア活動に力を注ぐのもよし。ただし、単なる趣味や、生活習慣の域を超えた何かが望ましいのではないか。

当たり前だが、何事であれ、長年にわたって継続できなければ、意味がない。仕事においては、経験を通じたレベルアップと、実績の積み重ねが重視される。同じように、プライベートのオンでも、目に見える実績や計数的な積み重ねを伴う取り組みの方が、長続きするはずだ。

個々人が、仕事とは別にも、ライフワークと呼べるものに恵まれれば、生き甲斐に満ちた素晴らしい人生になると思う。

二、島は小さな独立国

日本語の通じる異国だ

「島では、いつも何をするんですか」

「とくに決めている目的はない。周回道路を歩き回り、島人に出会えば、ちょっとした雑談を交わす。地元の自慢料理や珍しい食材を口にしてみることもある。小高い丘で、海と山を眺めながら地酒を一杯飲(や)るのが楽しい。集落のお宮に立ち寄れば、島の神さまに敬意を表すのを忘れない」

「それだけのために、遠い離島までいくとはね。島なんて、どこも似たような所ばかりで、飽きてしまうでしょう?」

「どの島も独特の表情をしているから、飽きはしない。そのつど、初めての異国を訪れるような気分で、好奇心がさわぐよ」

周囲とは、こんなやり取りが普通だ。島歩きは、異国を旅するのに似ている。自分の足で歩く島数をかなり積み上げないと、表情の違いは分かってこない。島に関心が薄い人に、こういうことを言っても、通じないのは無理もない。

「ヨロン・パナウル王国を宣言する」

鹿児島本土から南へ600キロに浮かぶ隆起サンゴの島、与論島。この島が、1983（昭和58年）年に「ミニ独立国」を宣言した。訪れた観光客には、「独立国」への入国を証する「パスポート」も発行されたと記憶している。

パナは花、ウルはサンゴの意。奄美群島の最南端に位置する、南国ムードに溢れた島。太平洋戦争後、米軍の統治下にあった沖縄が復帰するまでは、日本の最南端でもあった。

もちろん、パナウル王国の独立とは、観光の振興を狙ったキャッチ・フレーズではある。それでも、「東洋の海に浮かぶ美しい真珠」とまで絶賛され、独特の文化も有する与論島だ。誇らしくミニ独立国を名乗るのに、少しも違和感は覚えなかった。旅心が躍るではないか。

「東洋の海に浮かぶ美しい真珠」・与論島

「竹富島憲章を定める」

観光地として人気の高い、沖縄県八重山諸島の竹富島。1986（昭和61）年に、島民の総意を集約して、「竹富島憲章」なるルールを定めた。

島外には土地を売らない。島を汚させない。美観や風紀を乱させない。由緒ある集落の景観を壊させない。などを記している。島に伝わる文化と、自然環境を守り抜くための規律であり、自らの小世界の独自性を維持しようとするもの。

北の北海道には、かつて島内における全面的な禁酒を宣言し、禁酒の島として世界的に知られた島もある。奥尻島だ。そのように、いろいろな形で固有の掟をもつ島は少なくない。

離島は、外洋に囲まれて、外部からは孤立して存在している。とくに、本土の陸地はもとより、近隣の島影すらも見えない遠隔の島には、同じ国内とは感じさせないような雰囲気すら漂う。

昔から、遠い島は「鳥もかよわぬ」と歌われてきた。そうした島々の多くは、ほかの土

竹富島の集落

地とは、どこかが異なる独自の世界をもっている。自然環境や歴史的な風土が、それぞれ違うのは当然。島民の気質、方言、祭りをはじめとする宗教的な行事や、普段の信仰の対象も固有だ。日常的な生活習慣や、家庭料理など何気ない面でも、ほかとは微妙な違いがあることに気がつく。

そして、いずれの島にも、人が住んでいる限りは、固有の環境の中で培(つちか)われてきた、独自の文化が根づいている。それは、島人が一生の起承転結を営めるに足る、確かな生活文化である。島のお年寄りのほとんどは、生まれた島にしか住んだ経験のない人生を送ってきている。

もちろん、孤島といえども、それなりに外部からの影響がないわけではない。しかし、別の土地の影響を受けながらも、島ごとに、その土地に固有の環境の下で生き抜くために、知恵を絞ってきた。だから、長い歴史を経て、近接した島との間でも、少しずつ異なる風土や文化を発展させてくる結果になったと思われる。

たとえ、一島一島は小空間であるとしても、ひとつのユニークに完結した文化圏を形成している。それぞれが、いわば「小さな独立国」のような島ワールドとして存在している。そう言えるのではないか。外部の目からは、小さな独立国的な存在にこそ、島の一番の魅力があるのだ。

大東島はパプアニューギニアから流れてきた

個々の島がユニークなのは、風土や住民の生活文化に止まらない。動物と植物にしても、本土や、ほかの島には存在しない、国有の種類あるいは希少種が生きている島が少なくない。

その典型が小笠原諸島であろう。東京本土の南方1000キロに位置する小笠原諸島は、大小32の島々で構成されている。この島々は陸地として誕生してから、一度も大陸と陸続きになっていないといわれており、専門的には、「海洋島」と称す。海底の火山活動で隆起した山の上部が海面上に浮かび出て来た形である。

そうした歴史から、この島々の中だけで独特の進化を遂げてきた、動植物が生息している。自生している植物のうち、実に4割が、ここにのみ存在している固有の種類とみられている。それら動植物の多くは、オガサワラオオコウモリや、ムニンノボタンなど、オガサワラないしムニン（小笠原はかつて無人島、つまりブニンの島と呼ばれていた）を冠している。

美しい海が広がる小笠原諸島（小笠原村観光局提供）

咲き乱れる花

小笠原は、そうした特異な自然環境ゆえに「東洋のガラパゴス」とまで呼ばれており、ユネスコの世界自然遺産にも登録されている。

沖縄本島から真東の太平洋上に浮かんでいるのが、南北大東島。「うふあがり島」（大きい東の島の意）と呼ばれる。本土でも、毎年、台風の観測情報に接するので、お馴染みのはず。

南と北、およびその南方の沖大東島からなる、これらの島々は、約6000万年前に、赤道のパプアニューギニア近くで、海底火山として生まれたようだ。それ以来、どの大陸ともつながった歴史がなく、フィリピン海プレートに乗って旅をしてきたというのが学説。小笠原諸島と同じく、海洋島になる。何と、現在でも、年間に数センチずつ沖縄本島方面へ移動する旅を続けているという。

この島にも、ほかとは大きく異なる独自の自然環境があり、ダイトウオオコウモリをはじめとした、固有種の動植物が数多く生息している。

大東島は、文化的なユニークさでも知られている。沖縄圏に属してはいるが、この土地を開拓したのは、1900（明治33）年に八丈島から渡ってきた人々という歴史を有する。だから、行事や料理などの面で、東

南大東島（南大東村役場総務課提供）

南大東島・開拓記念碑

京（伊豆諸島）と琉球の文化とが、絶妙に融合した特異な土地柄になっている。

海洋島に対して、大陸棚に位置する島は「大陸島」と呼ばれる。大陸の一部が分離して島になったと思えばいい。ここにも、世界的にみて、きわめて希少な固有生物が存在している所がある。

徳島県の出羽島（てばじま）には、１億４０００万年前に繁殖したとされる植物「シラタマモ」が自生している。地球上で、ほかに自生しているのは、リビア、モーリシャス、ニューカレドニアのみという。海洋により外部から孤立しているからこそ保たれている、島の自然環境はスゴイと思う。

もっと古い生物も発見されている。鹿児島県の東シナ海に浮かぶ上（かみ）甑島（こしきじま）には、長目の浜と呼ぶ数キロの砂州がある。その景勝地の池のひとつから、30億年前のバクテリア「クロマチウム」の生息が確認されている。ほかで発見されているのは、バルト海沿岸の沼川のみだそうだ。

まさに、島という他の陸地からは海洋を隔てて孤立し、限定された領域のもつ独自性には、際立ったものがある。どの島も、小さな独立国と呼んでも、決してオーバーではない。

上甑島・長目の浜。30億年前のバクテリアが生息している

島唄はアイランド・ソングではない

「島も通わぬ加計呂麻島に、通う小船は恋の舟……」

奄美群島に属している、景観も名称もロマンにあふれる、加計呂麻島（かけろまじま）。この島に流れる哀調帯びた『加計呂麻慕情』の一節だ。

近年、沖縄や奄美などの島々で歌われる、情緒豊かな島唄が人気を呼んでおり、全国的に活躍している唄者もいる。奄美の裏声など独特の音程と、こぶしを効かせた節回しが魅力だ。

歌われるテーマは様々で、悲哀に満ちた唄も、元気を鼓舞する唄もある。島の人たちは、遠い昔から、楽しいにつけ、悲しいにつけ、皆で島唄を歌って支え合ってきた。いずれも長い年月にわたり、大事に伝承されてきている。鎌倉時代に話されていた言葉が残る歌詞すらあるようだ。

ところで、こうした島唄の「島」を、アイランドの意味だと理解している人が多いのではないだろうか。実は、アイランドではなく、集落や地区を意味する「シマ」が正しい。本土でも、縄張りを表現する言葉と

奄美大島で島唄を楽しむ

して、シマが使われることがある。

南西諸島の島々では、シマと称する村落共同体ごとに、口伝されてきた唄がある。そうした唄が、それぞれの集落で、昔から受け継がれてきた独自の言葉である「島口（しまぐち）」（方言）で歌われる。

昔は、シマが社会的にも、経済的にも、生活の基本的な単位をなしていたといわれる。かつては、自分の生まれ育った集落であるシマ以外の人とは、結婚することも少なかったらしい。

島という小さな世界の中にも、さらに独自色をもつ小さな生活領域、固有の文化圏が形成されて点在してきたわけだ。そうしたシマの多様性も、島旅に惹かれる一因になる。

「さあ、皆さん、今日から新しいお友達と仲良く一緒に勉強しましょう」

「先生、今何て言っているのか、よく分からんよ」

同じ島内ですら、集落ごとに些（いささ）か異なる小宇宙がある。となれば、隣り合っているような島々の間でも、気風やシマ口が違うのは当然のこと。

冒頭の会話は、ある南の島での実話からである。近年の子どもの大幅減少に耐えられず、島で唯一の小学校が廃校になり、橋でつながる隣の大きな島の学校に統合された。新しいクラスの初日、先生が話しかける言葉が、転校してきた隣島の子どもたちには通じにくかったという。

島口の一例として、沖縄の宮古島では、「ありがとう」を「たんでぃがたんでぃ」といった言い方をする。ところが、橋でつながっている隣の池間島では、「すでぃがふ」、同じく橋でつながる来間島では、「まいふか」となる。まさに、島は独立国である。

「農家の嫁さんは、ハブが生息している島と、いない島とでは、どっちがハッピーだと思うか」

「そりゃ、ハブ酒を飲んでいる島の男の方が強いだろうから、かーちゃんたちは嬉しいんじゃないか」

不思議だが、猛毒のハブが生息している島と、全くいない島が交互に連なっている地域がある。学術的には説明がつくらしいが、素人には理由が分かりにくい。これも、島々の多様性を示す一例になるのかもしれない。

さて、冗談で、農家の嫁さんの想いについて質問すると、男性陣からの反応は、この類いが普通。そのとおりかもしれない。だが、高い品性を誇る、わが自説は違う。

「ハブは、薄暗い明け方と夕方に畑に出没する。だから、ハブの生息している島の嫁には、日の高い時間しか畑仕事をさせられない。その分、ハブのいない島より楽なはずだ」。
さて正解は、どちらか。

日本は誇るべき複合国家だ

島はそれぞれの自然環境や歴史的な経緯などを映して、どこも違う表情と特徴をもっている。土地柄という言葉があるが、島柄は見聞きする多くのものに、きわめて強く現れる。ちなみに、セールスポイントや、主な生業などを的確に表す愛称がつけられている島が幾つかある。

わが国最北端の有人の島、礼文島には、レブンアツモリソウなどの高山植物が自生しており、「花の浮き島」と呼ばれる。レブンは、アイヌ語で沖にある島の意味。

伊豆諸島の利島は、春先になると椿の花がピラミッド型の島全体をおおうので、「赤い島」。江戸時代にまで遡る、最高級の椿油を生産している。

レブンアツモリソウ

「赤い島」利島（利島村役場総務課提供）

鹿児島の南方海上には、樹木におおわれた険しい山地が、海から黒々と見えるため名づけられた「黒島」が浮かぶ。作家の故有吉佐和子の名作『私は忘れない』の舞台になった森深き島だ。

沖縄にも、石垣島の南西にハート型をした黒島がある。ここは、牛の飼育頭数が島民数の15倍にも及ぶので、「牛の島」。

同じ沖縄で、島中がニンジンを栽培しているので知られる津堅島（つけんじま）は、そのまま「キャロット・アイランド」、といった具合だ。

要するに、日本列島には、固有の風土と独特の地域性を帯びている、おびただしい数の島々が集まっているのだ。だからこそ、多極分散型というべき国土と、豊かな多様性に恵まれた文化が形成されている。この国は、いろいろな自然と文化が、絶妙に混じり合った、誇るべき集合体なわけだ。

世界の国々の中で、多数の分国が、統一的な理念の下で結合した国家を連邦国家という。わが国は、もちろん、分国が統合された連邦国家ではない。しかし、ある意味では、多くの小独立国を想わせる島々が結合した、複合国家のようだとはいえるのではないか。

「キャロット・アイランド」津堅島

「牛の島」黒島・黒島牧場（竹富町観光協会提供）

日本は、世界の中でも、とりわけ民族的な多様性が乏しく、ほぼ均一的な文化の国だとされることが多い。本当に、それが正しい理解であろうか。日本列島に居住している人々の間で、日本民族、あるいは日本の文化という認識が、いつ頃、どのように形成され、浸透してきたのか。

その点に関しては、諸説があり、様々に議論されている。筆者には、文化人類学や民族学などの学術的な立場を踏まえた記述はできない。飽くまでも、素人の考え方だが、事実として、この国は、第2次世界大戦後のごく一時期を除くと、他民族の支配を受けた歴史がない。そこから、世界的には稀なほどに純粋な単一民族で構成された国であり、かつ基本的には、均一の言葉と文化を共有しているとみられているのだと思う。

江戸時代には長きにわたり鎖国体制が続き、人々の目は国内にばかり向けられた。その後は幾度かの戦争が行われ、政治的というか、国策として「日本民族」が強調された。そうした歴史的な過程を経る間に、日本人自身が、単一民族による均一文化の国という意識を強めてきたのかもしれない。

しかし、この国を構成している島々が、それぞれに受け継いできた多彩な文化や、生活様式の違いなどをみれば、均一の文化で束ねられるような単一国家ではないことが分かる。

民俗学の見地からも、奄美大島から北の島々はヤマト文化圏、奄美以南の島々は琉球文化圏に属するというのが常識になっている。北日本では、近世に至るまで、アイヌ文化圏とヤマト文化圏が分離していたのは、言うまでもない。無人島だった小笠原諸島に、１８３０年代、最初に定住したのは、欧米系人とハワイ系人である。この島では、今でも、祖先が複数の国から渡ってきた人々が、日本人として混ざり合って生きている。

複合国家を構成する日本人が、純粋な単一民族ではないし、均一文化ではないことを物語る事実は、幾らでも見出せる。

われわれは多様な価値観を受け入れる

「日本人は、異質なものを含めて、何でも自分たちの血肉にしてしまえる国民性をもっているはずだ」

現代の世界は、人々の基本的な価値観から、働き方や個人的な生活ぶりにいたるまで、様々な意味で「多様性」を許容し、広く受け入れるように求められている。

実際、同じ社会で共存している人々の価値観は、かつてないほどに多様化している。自分だけの考え方や、周辺の仲間うちだけに通用する観念にこだわっていたのでは、社会的にも、経済的にも生きていけなくなっている。国家の立場でも、自国固有のやり方にだけこだわっていては、国際社会との共存が容易でなくなっている。

身近なところでは、企業をはじめ、あらゆる組織において、構成員のダイバーシティ（多様性）を一段と尊重することが、当たり前となっている。

それは、女性はもとより、高齢者、障害をもつ人々などの活躍を広く促進するなどに止まらない。国籍をはじめ、きわめて広範な意味で、異質な属性を受け入れる必要がある。生まれもった固有の価値観や、生活信条、信仰の対象などが大きく異なる様々な人材の活用と、能力の発揮に努めていかなければならない。

わが国は、少子高齢化が急ピッチで進行している。すでに、労働力人口がみるみる減少していく時代を迎えてしまった。それにつれて、マンパワーを確保する必要性からも、外国人労働者の受け入れを本格的に拡大していく方向にある。いずれ、移民の解禁にまでつながるものと考えられる。移民の本格的な解禁を図るとなると、現実の対応としては、各面で難しい課題が予想される。それでも、外国人の本格的な受け入れは、先行き必然的な流れであろう。

「今、あらためて開国の局面を迎えている」

われわれは、外国人のもち込む複雑なナショナリズムの問題に適切に対処していけるか。

日本に固有なものとして誇ってきた文化、あるいは、この国の長い歴史が構築してきた秩序や諸様式が変容していくのを受け止められるか。

日本に居を定めて、仕事と家族をもつ外国人にとっても、生活しやすい社会に変えていく必要がある。いずれにせよ、外国人が増えていけば、おのずと日本人も自らを見直し、変化していくことが求められる。それが可能か。

移民の解禁も想定される、いわば新たな「開国」に対して、いろいろと懸念する声が聞かれる。

しかし、何も惧(おそ)れることはない。多様な価値観を受け入れ、広く共存してこそ、新たな時代環境の下で、望ましい変革が可能になる。さらなる発展が期待できる。

小独立国が統合した複合国家としての、発展の歴史を振り返ってみよう。古来、われわれは積極的に多様な文化や、異質な文明を受け入れて、巧みに自分たちのものにしてきた。その結果、世界に誇る、日本固有といわれる文化と社会の様式を築き上げてきた民族なのだ。

三、ニッポンは大きい

島と呼ぶ陸地

「那覇市がある沖縄本島って、実は島ではない。本土の一部だ」

「本島って呼ぶのに、島じゃないとすると、そもそも、どんな陸地が島とみなされるのか」

島とは、一体何ぞや。あらためて、島とされる陸地の定義を問われると、ほとんどの人が首をひねってしまう。島好きだと自称する人たちでも、正しく説明できる人には、あまり出会わない。

実際のところ、島についての絶対的な定義などは、存在しない。そう言うのが、正解かもしれない。一応、最も権威がありそうなのは、海の憲法とも位置づけられている、国連の海洋法条約かと思われる。それでも、「島とは、自然に形成された陸地であって、水に囲まれ、高潮時においても水面上にあるもの」と、当たり前の規定に止まっている。いかにも、曖昧だ。

もし、大陸とされている陸地のほかは島だとするならば、どうだろう。世界中で、オーストラリア大陸よりも小さな陸地は、どこも島になる。当然ながら、わが国は、本土と称している、本州をはじめ、北海道、四国、九州の四つの陸地も全て島になってしまう。そう認識しても、必ずしも間違いではない。現に、日本列島と呼ばれている。

しかし、ここでは、総務省の日本統計年鑑が、島と認定している陸地を「島」と位置づけたい。その要件としては、2点あると理解している。すなわち、「海洋によって囲まれた海岸線の長さが合計で満潮の時でも100メートル以上」、および「旅客を運ぶ陸上軌道（つまり鉄道）が敷かれていない」陸地のことである。

鉄道が走っていない状態を島の要件として認識しなければ、本州、九州なども島に含むことになってしまう。一方、那覇市内でモノレールを運行している沖縄本島は、島とは認識されないわけだ。

なお、海ではないが、大きな川や湖などの水に囲まれている陸地も、島とみなされてはいる。琵琶湖に浮かぶ沖島（おきしま）や、竹生島（ちくぶしま）がそうだ。

琵琶湖に浮かぶ沖島[上]と竹生島[下]
(〈公社〉びわこビジターズビューロー提供)

「島と離島とは、何が違うのか」

一般に離島という呼び方もするが、島と離島の厳密な区別は、よく分からない。もちろん、陸路で交通できる、すなわち本土と橋でつながっている、いわゆる架橋島は、離島にはならないかもしれない。ただ、島と区別する離島の明確な定義には、接したことがない。

そもそも、離島という用語が、公式に使用されるようになったのも、そう昔ではない。1953（昭和28）年に、島の振興開発を目的にして、「離島振興法」という法律が施行された。それ以降に使われ出した用語だと理解している。自分なりには、本土から遠く離れた外洋の孤島と、大きな島や群島に属している比較的小さな島を、自然に離島と呼ぶことが多い。

沖縄では、離島を「ばなりしま」とか「ぱなりしま」と言う。「りとう」と呼ぶよりも、何となく、ポエティックなニュアンスが感じられる。

その沖縄には、1年間に数日しか上陸できない島がある。宮古島に近い、八重干瀬（やびじ）だ。

この島は、世界でも屈指の大サンゴ礁群（干瀬（ひし））から形成されており、周囲は25キロと大きい。一年のほとんどの間は海中に沈んでいるが、年に2回の大潮の時期にだけ、海面上に陸地として姿を現す。自然の神秘である。

八重干瀬のサンゴ礁群。1年間に2回の大潮のとき陸地として姿を現す島だ（宮古島観光協会提供）

ただ、当然ながら周辺海域を航行する船舶にとっては難所になる。昔は座礁してしまった船が少なくないといわれている。

この国に島は幾つあるか

「日本は島国といわれるが、島が全部で幾つあるか知っているかい？」

「考えたことも、聞いたこともないけれど、相当あるだろう。○○島くらいかな」

日本列島を構成している島の数について、おおよその数すら承知している一般の人は稀ではないか。試しに質問してみると、一桁も二桁も違うような答えが珍しくない。

島数などは、知らなければ、いくら考えたところで、正確な答えが出るはずがない。多島国とはいえ、自分の国を形成している陸地の数だ。概数でも知っているのは、都道府県の数を覚えているのと同じだと思うのだが。残念ながら、人々の関心は低い。

筆者が勤めていた宮崎銀行では、幹部たちに、「島の数を覚えているか。一番外れた者が、今晩の飲み代を払うべし」などと強要しながら、繰り返しインプットしたものだ。だから、島の定義と島数が頭に入っている幹部が多い。それでも、間違えて覚え込んでいるのに、「オレは知っているぞ」と部下に自慢している諸君も、少なくはなかったが。

「日本は世界で3番目に島が多い。まさに、島国」

海上保安庁が行う調査を通じて、日本国が領有している島々は、その全てが把握されている。それによると、日本列島には、いわゆる北方領土を含めて、6847島が点在している（本州など五つの本土を除く）。

世界中で、自領内に最も多くの島を領有しているのは、インドネシアで、約1万7500島を数えるという。次いで、フィリピンの7000島強。日本は3番目にランクされる。列島とか、多島国家と称されるに相応しい、大変な数の島だ。

ただ、そうした島のうち、残念ながら、人の住んでいる島に比べて、無人の島が圧倒的に多いのが、現実である。ちなみに、6847島のうち、住民基本台帳に住民が登録されている、つまり有人の島となると、どのくらいあるか。2018年4月の時点で、416島と公表されている。全体の6％に過ぎない。

しかも、ほとんどの島において、近年の人口減少が本土を上回るハイペースで進行している。そのため、次第に無人化する島が増加の傾向を示しているのが心配されるところだ。

「日本人の百数十人に1人は島人なんだ」

有人島の面積を合計すると、わが国土全体の3％弱を占める。一方、人口については、現在、1％をかなり下回っている。この島に居住している貴重な人口の規模を聞いて、どう反応するか。「なんだ、それしか住んでいないのか」と感じるか。「意外に多いんだ」と再認識するか。その反応の違いに、島に対する関心や、想いの熱さ加減が滲み出てくる気もしなくはない。

なお、有人の416島には、内水面離島として分類される、琵琶湖の沖島を含めている。日本の湖沼に浮かぶ島で、人の住んでいるのは、ここだけ。淡水湖内の有人島は、世界的にも珍しいようだ。沖島は、琵琶湖産のニゴロブナなどを使ったフナずしで名高い。

本当の意味では有人島とはいえないが、かつては、ある季節に限って、人が住み込む島も少なくなかった。毎年の一定期間だけ、その島に住んで、漁業や農業などに従事する、季節移住だ。現在では、そうした島の一部は定住化が実現している。

さて、島に関心を寄せる者にとってバイブルとでも言うべき書物がある。㈶日本離島センター編集の『日本の島ガイド』（通称「シマダス」）という、分厚い冊子がそれ。

この優れものは、実に千数百ページにわたって国内の全島をカバーし、それぞれの詳細な情報を記載している。まさに、島の大事典である。これまで、初めての島に向かう時をはじめ、個別の島の基本的な知識を得る際に、いつも大変にお世話になってきた。ここで、

「シマダス」などに基づいて、若干の統計的なことに触れておきたい。

最果ての島が東京都にある

「無人島も含めて、島が最も多い都道府県は、どこか」

答えは、九十九島で有名な長崎県で、971島に及ぶ。単独の県だけで、そんなに多くの島が、と驚くかもしれない。それほどに、この国は島が多いのだ。次いで、鹿児島県、北海道の順になる。

意外かもしれないが、東京都に編入されている島が全国で6番目に多く、330島。伊豆諸島、小笠原諸島、豆南（ずなん）諸島などが属していると知れば、うなずける。島国日本の首都、東京。そこに、ビル群とコンクリート道路だけでなく、300を超す島が浮かんでいるのは、嬉しくはないか。

島また島というイメージがある瀬戸内海には、合わせて727島が点在している。

「海のない県にも、島がある」

日本最北端の有人島、礼文島

長野県は海に面していないのに、島をもっている。県内の野尻湖に浮かぶ琵琶島だ。現在は無人島だが、昔は人が住んでいた跡が残っている。

「いわゆる最果ての島は、どこにあるか」

「人の住んでいる、一番遠い島はどこか」

国の東西南北四つの最果ての島のうち、何と、2島は東京都に属している。

ここでは北方領土を別にすると、最北端の有人島は、稚内沖の日本海に浮かんでいる礼文島。無人島では、宗谷岬の沖合の弁天島。

最南端の有人島は、沖縄の南方に位置して、フィリピンに向き合う波照間島。果てのウルマ（サンゴ礁）と呼ばれ、ここからは南十字星が見える。無人島では、小笠原の沖ノ鳥島。

最東端は、南鳥島。ここでは、本土で最も日の出の早い富士山よりも、1時間半近くも先に太陽が顔を出す。

沖ノ鳥島と南鳥島が、東京都に属する最果ての島になるわけだ。沖ノ鳥島は、日本領内でここだけが熱帯性気候帯に属している。東京都の一

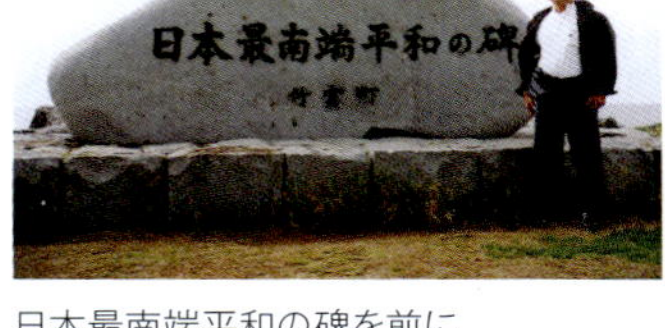

日本最南端平和の碑を前に

最南端の波照間島

部は、熱帯なのだ。南鳥島は、小笠原諸島の主島である父島よりも、さらに東南東へ1300キロも離れている。かつては、一般の住民も住んでいた。

もうひとつの最果てである最西端の島は、背伸びをすれば台湾が見える沖縄の与那国島。ここで、夕日が最後に沈み、南鳥島で明けた日本の一日が暮れていく。最東端の南鳥島から最西端の与那国島までの距離は、3140キロもある。

「ウチの島はデカイのだ」

面積が最も大きい島は、佐渡島。次いで、奄美大島、対馬島、淡路島の順になる。誰でもが知っている島ばかりだろう。

面白いことに、面積は必ずしも大きくないけれど、「○○大島」と名乗っている島が少なくない。「シマダス」で探してみると、奄美大島は別にして、30島もの「大島」が見つけられる。小ぶりの島でも大島と名乗りたい、昔からの地元の心理は分からなくはない。

逆に、小島を名乗るのは、北海道厚岸の小島など、6島しかない。

最西端の与那国島は、
わが国で日の入りが一番遅い

また、離島は、そもそも本土や母島の沖に浮かんでいるわけだが、文字どおり沖の島（沖ノ島、沖之島を含む）という名称の島が12島もある。

地元の人にとっては自慢にもなるが、島には、一番早い日の出や一番遅い日の入りのように、いろいろな日本ナンバーワンやオンリーワンがある。全国一の長寿の島、子どもの生まれる率の高い島、日本で最大の鍾乳洞、オリーブの栽培面積が最大、煮干しイワシの生産量がトップなど、各種挙げ出すと切りがないほど。

面白いオンリーワンは、沖縄県・久米島の「おばけ坂」。登り坂にしか見えない坂道なのに、自動車をニュートラルにして止めると、坂道を登り始めるのだ。

山口県の見島には、太陽が水平線から昇り、沈むのを同じ所から見られる、珍しい灯台がある。

「ひとつの島に、亜熱帯と亜寒帯気候が同居している」

小さな陸地なのに、1000メートルを超す山がそびえているのが3島もある。とりわけ、九州で最高峰の宮之浦岳を主峰にして、2000メートル近い3山が連なっているのが、鹿児島本土の南65キロに位置する屋久島。

与那国島発行の「日本最西端の証」

海面から一気に2000メートル級の高山がそびえているため、洋上アルプスと称される。そうした地形のため、「月に35日も雨が降る」と言われるほど、雨が多く、今なお太古の自然が残っている。亜熱帯性気候の海岸では、南国のマリンスポーツが楽しめ、亜寒帯性の山頂では、冬には雪が降る。サンゴ礁の広がりを眺められる海岸から、清冽（せいれつ）な川の流れを経て、山のてっぺんまで登れば、日本を南から北へ縦断体験するのと同じことになる。

日本は世界で第6位の大国だ

「日本に島がとても多いのは分かった。だから、多様性が豊かな国だということも納得した。だけど、島が多いと、ほかに何がどうだというの？」

「島が多いおかげで、世界でも有数の大きな国になる」

「でも、誰もが、この国は小さな島国だと思っている」

「ところが、尺度を変えれば、面積が世界で6番目に大きな国になる。そして、一般に認識されているのを、はるかに上回る豊かな資源にも恵まれた国なんだ」

世界自然遺産リストに
登録されている屋久島

日本列島の領海には、夥しい数の島々が点在している。その意義は何か。

言うまでもなく、海上交通の安全確保をはじめとして、気象観測、領域の整備や安全保障、あるいは海洋環境の保全といった、国土を管理するうえで、欠かせない存在である。それらに加えて、多数の島の領有が果たしている、きわめて重要な役割を強調したい。「日本は、外国で使われている世界地図を見ると、右端のスミっこに描かれている小さな5つの島からなる国」。

残念ながら、そのイメージが、国民のほとんどに染みついている思い込みであろう。実際、わが国の陸地面積は、37万平方キロだから、200強ある世界の国々の中では、61番目の広さの国土でしかない。その限りでは、確かに狭い国だ。しかし、一国の大きさを測るのは、単に陸地の面積だけではない。別の国際的な尺度に基づいて、国としての主権が及ぶ範囲を測れば、どうか。

国連の海洋法条約に基づいて、国際的に認められている「排他的経済水域（EEZ＝Exclusive Economic Zone）」という基準がある。EEZについては、高校時代にでも習うのではないかと思う。具体的には、一国の陸地から200海里（370キロ）までの範囲の海域内は、その国の経済的な主権が及ぶとされるもの。

つまり、その海域内に存在している水産資源でも鉱物資源でも、全ての経済資源を排他的に占有できる。海底資源を開発したり、人造物を構築したりする権利も、その国に帰属することになる。陸上における、一国の経済的主権と同じといえる。ただし、排他的な経済水域内でも、外国籍の船舶の自由な往来などは、国際的に認められている。

排他的経済水域に該当する範囲を測る根拠になる、計測のスタート地点を「基点」という。重要なポイントは、そうした基点とみなす陸地の多くが、島ということだ。一国の経済的主権が及ぶ海域は、まさに領有している島々が形成するものともいえる。

そこで、あらためて詳しい日本地図を眺めてみよう。本土から遠く離れた広大な外洋に、実に多くの離島が点在している。島々の広がっている範囲を気候帯でみれば、北の亜寒帯性から、南は熱帯性気候にまで至る。その島々のうち、５００島ほどが、国の経済水域を定める「基点」になっていると聞く。

とにかく、「鳥も通わぬ遠い島」と歌われてきたような、絶海の孤島が、外洋に間隔をあけて無数に浮かんでいる。島と島の間隔があいているから、排他的経済水域の重なる部分が小さくなる。そのお陰で、わが排他的経済水域は、４５０万平方キロという、広大な範囲になる。広大無辺とまではいかないとしても、国土面積37万平方キロの12倍にも及ぶ。

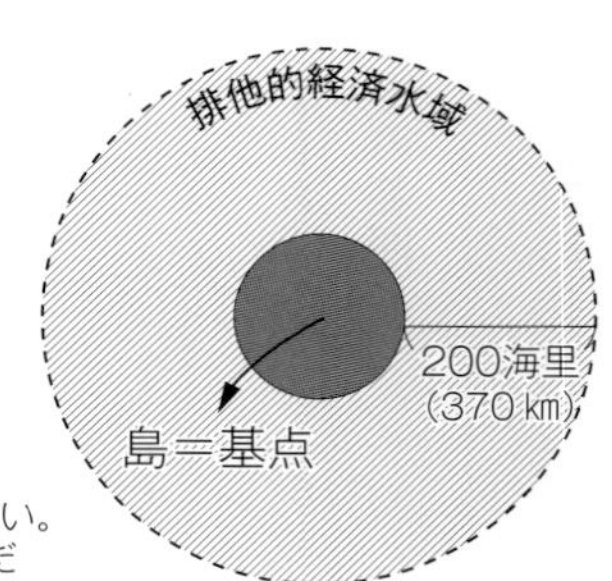

「国の大きさ」は、陸地の面積ばかりではない。島を基点にした「排他的経済水域」が大切だ

世界で6番目の規模になる。

国際法上、主権が認められている経済水域の広さは、国の大きさにほかならない。だから、日本は、世界で第6位の大国に位置づけられるわけである。

忘れてはならないのは、排他的経済水域を定める基点として認められる海上に存在する陸地は、あくまでも自然の島でなくてはならないという基準。岩では駄目。このことは、国の主権的な権利を守るうえで、決定的な重要性をもっている。

「離島の活火山が、今日も日本の国を拡大させている」

わが国の排他的経済水域のうち、約3割に相当する分は、小笠原諸島の領有から生まれている。小笠原諸島に属している無人の火山島に、西之島（にしのしま）がある。この島が、東京本土の南方1000キロの太平洋上で活発な火山活動を行っていたことは、ニュース報道などで耳にしていると思う。

2013年に大噴火が発生して以来、噴き出た溶岩によって、島の面積が成長を続けている。ありがたいことに、島の面積が拡大するのにつれて、西之島を基点とした領海や、排他的経済水域も拡大し続けているわけだ。ちなみに、2019年5月の時点で、排他的経済水域は、約46平方キ

拡大を続ける西之島の活火山
（小笠原村観光局提供）

ロ拡大していると聞いている。

ここで、クイズを一問。どの国の領海でもない海域で、海底火山が噴火して、新しい島が誕生したとする。どの国の領土になるのだろうか（答えは、62ページの最後）。

島々は広大なフロンティアを生み出す

「日本の経済領域は、世界で4番目に大きい」

わが国の実質的な大きさに関して、もう一歩掘り下げてみよう。海洋の中には、いろいろな種類の経済的資源が存在している。したがって、経済領域のサイズを把握する場合には、全ての資源を自由に利活用できる、国の占有権が及ぶ範囲全体をとらえる、という考え方ができる。つまり、経済的主権の及ぶ範囲は、海洋の平面的な面積ではなく、その深さまで計測した「容積」でみるのが適当ということ。

容積ベースでとらえるならば、日本はとりわけ有利になって、大国としてのランクが上がる。なぜなら、日本近海の水域は、その6割以上が水深3000メートル以上と、きわめて深いからだ。お陰で、日本の経済主権が認められる領域は、容積でみると、何と世界で4番目の規模になる。世界第4位の海洋大国に位置づけられるわけだ。米国、オーストラリア、キリバス共和国に次ぐ。

「キリバス共和国って、太平洋上に浮かんでいる小さな諸島国だけど、本当に3番目になるのか」

信じられない人が少なくないかもしれない。キリバスは、わが国と同じように、きわめて深い太平洋の広大な外洋に多くの離島が間隔をおいて点々と存在しているからだ。離れ小島は、一つひとつは小さくても、多くの島々が集まれば、非常に高い価値を生み出すということ。

とにかく、わが国は、世界有数の経済水域を自由に活用できる海洋大国である。その認識を明確にして、国の真の実力を誇るべきだ。現代日本の科学技術の下にあって、豊かな経済水域には、前途に限りない可能性が潜在しているに違いない。弱点とされてきた資源面でも、決して大陸国家に負けないものを秘めている。

極東の小さな島国といった言い古されてきた固定観念や、資源小国といった意識は払拭してしまおう。あらためて、「ニッポンは、なかなか大きい国なんだ」という事実認識を、前向きの気概に高め

小笠原諸島の海域。それはフロンティアの海域でもある

て共有したい。

学校教育の場においても、日本が多くの島に支えられた、世界に冠たる海洋国家、海洋大国である事実と、その意義を、もっと十分に教える必要があるのではないか。

わが国のフロンティアをなす、広大な排他的経済水域が与えてくれる経済的な価値は、多岐にわたる。いずれも国益に大いに資するものであり、重要だ。とりわけ、海底資源については、膨大な埋蔵量が確認されている。その戦略的な開発の推進こそが、この先の国運を左右するに違いない。


（60ページのクイズの答え）

原則として、その島を最初に発見した国の領土に編入されるらしい。

トカラ列島の島

二の旅
島は世界と向き合う

一、海賊キッドの財宝

小島にメキシコ女王の宝が埋まっている

「日本には、外国の財宝が埋められている島がある」
「海賊キャプテン・キッドの宝物は、トカラ列島の宝島にも隠されているらしい」
「なぜ、遠い国の宝物が、日本の島にまで運ばれたんだろうか」

17世紀の英国の船長で、後に海賊の頭領になって活躍したキャップテン・キッドの冒険物語は、世界中の子どもたちに人気がある。そのキッドが手に入れた膨大な財宝は、世界の各地に隠されているという。

その一部が、実は、日本の、その名も宝島に埋められているのでは、と伝えられている。宝島は、鹿児島県の屋久島と奄美大島の間に連なっている、秘境トカラ列島の最南端に位置する有人島である。島内には、

トカラ列島最南端、
宝島の港の看板

財宝を隠すのにピッタリの鍾乳洞もある。

宝島からさらに南下した沖縄県・宮古諸島の大神島（おおがみじま）にも、同じような話が伝わっている。大神島は隆起サンゴ礁の美しい島で、古くから、近隣諸島の人々が神の島として崇めてきた。今でも信仰と祭祀の島だ。島内には、外部の人間が踏み込まない場所も少なくなく、宝物を隠すには、絶好の地だったかもしれない。

伝説に基づいて、これまで宝島には、国の内外から多くの探検家が、金属探知機などを使用した現地調査を行ってきている。海外では、キッドが財宝を隠したと伝わる幾つかの島のうち、西インド諸島のエスパニョーラ島から、現実に財宝が発見されているらしい。

「メキシコ女王の財宝が、この近くの小島に隠されている」

宮崎県の日向灘に浮かぶ、リアス式海岸が見事な有人島、島野浦島（しまのうらじま）には、そんな秘話が伝わっている。

1850年代だから、江戸時代の末期に、この島の漁師たちが近くの海に漂着した木棺を発見。おそるおそる棺を開けてみる。メキシコ女王と想われる金髪の頭部の白骨と、大量の財宝が収められていたそうだ。驚いた漁師たちは、せっかくの宝物を手に入れるよりも、後難を恐れたのであろう。「このことは絶対に、誰にも言うでない」と、お互いに口外厳禁を誓ったうえ、木棺ごと沖合にある小島のどこかに埋めて隠した。そういうストーリーだ。

実際、メキシコの内乱時に、当時の女王の棺が海に流された史実はあるらしい。島野浦島の先端にある峠にまで辿り着くと、眼下の静かな多島美の海に、何かもの言いたげな表情を浮かべているようにもみえる小島が眺められる。

「島は、海で世界中と直接つながっているということだ」

これまでのところ、キッドの財宝も、メキシコ女王の財宝も、現実に埋蔵物が見つかったとは聞いていない。それでも、作り話の域は超えているし、島ならではのロマンが香る秘話ではないか。これらの言い伝えは、昔から遠い異国と接点をもっている、島々の位置づけを物語ってもいる。

島には異国の文化が流れ着く

「海洋を介して世界とつながっている島には、異国から様々なものが流れてくる」

島野浦島の頂からは
小島の連なりが美しい

島のビーチに打ち寄せられている、外国の文字が印刷されているペットボトルや、ヤシの実などを見ると、海は世界中とつながっていることを実感する。「名も知らぬ遠き島より　流れ寄る椰子の実一つ」。島崎藤村の有名な詩がある。潮に乗って流れ着いたヤシの実には夢があるが、せっかくの美しいビーチを汚す生活廃棄物には幻滅させられる。

それはそれとして、世界中が海でつながっている意味は大きい。多くの島々が、古来から世界に開いた窓として海外から様々なものを導入し、わが国の文化と文明の発展に貢献してきた。

沖縄の八重山（やえやま）諸島などの遺跡研究では、太古から南方文化と深いかかわりがあったと推測される発見がなされている。トカラ列島で伝承されてきた、ボゼ神をはじめとする秘祭などの多くにも、古代における南洋諸島の影響が色濃く残っているとの指摘がある。

作家の島尾敏雄は、南九州から台湾方面につながる南西諸島を「ヤポネシア」と呼んだ。ラテン語で、日本を示す「ヤポニア」に、群島を示す語尾「ネシア」をつけたもの。見事な表現だと思う。

流れ着いたヤシの実

島々の中でも、とりわけ南洋や大陸に近い九州地域の島々は、地理的な面からも、古代から南北交流の拠点であり得た。

九州本土の北西に浮かぶ壱岐島（いきのしま）などは、大陸文化が流入する中継地の位置にあり、渡来ルートとして機能したようだ。朝鮮半島の鉄は、奄美の徳之島（とくのしま）を経由して、琉球に渡った。漢字や仏教などの文化は、対馬島を経て本土に伝播した。

時代が下ると、島には、さらに遠方の異国からも、文化・文明が入ってくることになる。鉄砲が最初に伝わったのは、今では宇宙ロケット発射の地になっている種子島（たねがしま）だった史実は、よく知られている。

九州最西端に位置する五島列島。この島々には、何千人ものキリシタンが、禁教の弾圧に耐えて、遠く欧州から伝わった信仰を守った歴史がある。

島には、異国から文化・文明が一方的に流入してきただけではない。昔から国際交流の最前線として、国外へ進出していく拠点でもあった。

種子島・門倉岬に建つ「鉄砲伝来の地」の碑

五島列島・若松島のキリシタン
洞窟に立つキリスト像

そもそも、五島列島や西海の島々は、日本の中心部よりも、上海辺りの方が距離的には近い。そうであれば、歴史を通じて、大陸との双方向の行き来の玄関口の役割を果たしてきたのは当然といえる。

7世紀には、朝鮮半島から、対馬、壱岐の島を伝い、博多を結ぶ交易ルートが開かれていたようだ。これらの島々を巡って、遣唐使船や、倭寇船が航海してきた。五島列島の中で最大の福江島は、古くは遣唐使船の最終寄港地などとともに、大陸との中継貿易の基地であったといわれている。

長崎県の平戸島は、東シナ海を介して、中国大陸との外交の場であったばかりでなく、近世が近づくと、西洋に対しても最初に門戸を開いた地になった。その平戸の西北海上に浮かぶのが生月島。「やれやれ、やっと無事に帰れたぞ！」。その昔、中国大陸から東シナ海の荒波を乗り越えて帰ってきた人々。彼らは、この島に近づいた時点で、ほっとして「息をついた」のだろう。その心情を表したのが生月島の島名という。

もちろん、九州南部の島々においても、大陸との交流が行われていた。沖縄本島に近い慶良間諸島は、那覇と大陸との間を往来する、進貢船の中継地として機能した。今は、ダイビングなどで人気の座間味島には、

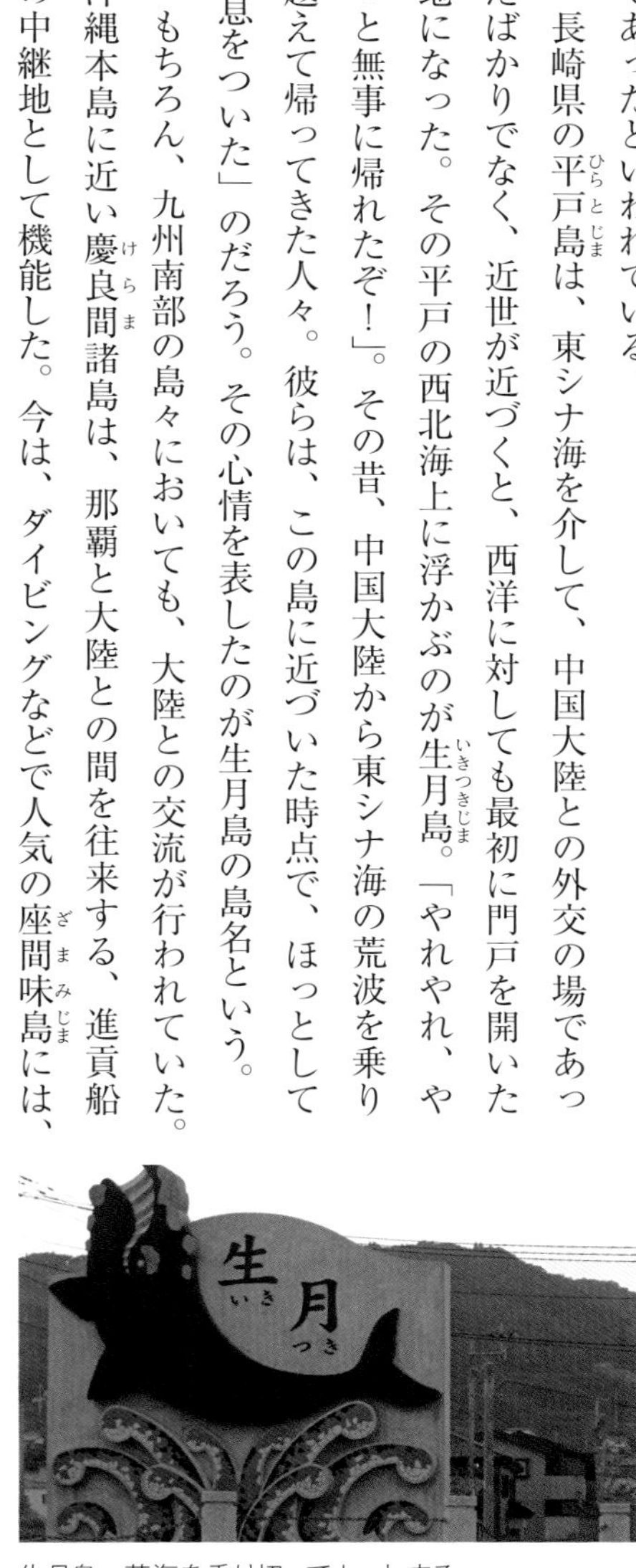

生月島。荒海を乗り切ってホッとする

17世紀半ばにつくられた、異国船を警戒する遠見番所が残っている。

鎖国体制は島から崩れ始めた

「浜に異国の船が流れ着いたぞ。みんなで救けにいくぞ」

江戸時代の鎖国の間も、島々は海で世界とつながっていた。だから、太平洋側や北方の島々を中心に、異国船が漂着したり、密航してきた歴史が刻まれている。

島が海を介して、他国と接しているからには、異国船が流れ着くのも不思議ではない。むしろ、意外なのは、当時の島人たちが異国の漂流者たちを、集落を挙げて救助し、手厚くもてなした勇気や、積極性である。

島の先人たちは、意図しない異国との接触すらも、国際的な交流や、未知の文化などを吸収する貴重なチャンスとして、逃さなかったものと思われる。

漂着の出来事のうち、幾つかは、その後の歴史に多大な影響をもたらしている。

豊後諸島·黒島。オランダ船リーフデ号漂着記念碑［右］と
三浦按針（ウィリアム·アダムズ）上陸記念碑［左］

戦国時代末期の1600年（慶長5年）、豊後国（大分県）の黒島（くろしま）にオランダ船「リーフデ号」が漂着。水先案内人として乗船していたのがウィリアム・アダムズ、のちの三浦按針。彼は、1603年に江戸幕府を開いた徳川家康に召しかかえられ、いわば政治顧問のような立場を務めるようになる。そして、鎖国体制の時代にあっても、唯一交流を維持していた日本とオランダ関係の礎をなすことになったのは、知られているところだ。

北方では、1848（嘉永元）年、蝦夷地（北海道）の北西部の日本海に浮かぶ焼尻島（やぎしりとう）に、ハワイからの捕鯨船でカナダ人が流れ着いた。その青年ラナルド・マクドナルドは、保護されて、長崎へ移送された。彼は、長崎で日本人に英語を教えるとともに、初めての和英辞典を編んだと伝わる。彼の教え子たちが、6年後にペリー提督の黒船が来航した際には、通訳を務めたという。

東国では、幕末の1863（文久3）年、伊豆諸島の御蔵島（みくらじま）に、米国の帆船「バイキング号」が難破して流れ着く。島民は船員たちを救助して、冷静かつ温かくもてなした。それ以降も交流が続いたという記録が残っている。現在でも、漂着記念の碑が建っている。その当時、島役人を務めていた栗本一郎なる人物は、助けた船員たちとのやり取りを通じて、初の発音つきの英単語帳を作ったといわれている。

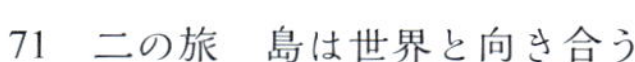

焼尻島。幕末この島に流れ着いた捕鯨船に乗っていた米国青年によって、初の「和英辞典」が編まれた
（羽幌町観光協会提供）

昔の離島に住む人々は、一部の人を除けば、異国の世界をほとんど知らなかったに違いない。それにもかかわらず、島人たちの勇気ある行動と、ある種の進取の気性というべきものには、驚かされるところだ。

島と欧米との接点は、偶然の漂着などを通じた、文化の流入や交流に止まるものではない。鎖国政策そのものに終止符を打ち、世界に門戸を開く際にも、幾つかの島が重要な舞台になっている。

欧米との関係と、鎖国政策を振り返ってみる。1550（天文19）年に、最初のポルトガル船が平戸島に来航しており、かのフランシスコ・ザビエルも上陸している。続いて、1584（天正12）年にイスパニア船、1609（慶長14）年にオランダ船、そして1613（同18）年にはイギリス船も、この島に来て、日本のドアをノックしたとされている。そうした接触から、いわゆる南蛮貿易が活発に展開していった。九州大名の中には、自領内の港に南蛮船を迎え入れ、独自の貿易を通じて大きな利益を得る向きも出てきた。

しかし、徳川幕藩体制が整った1630年代になると、情勢が変化する。幕府としては、そうした西国の大名たちが貿易で大きな利益を上げる状況を抑え込むとともに、キリスト教を禁じる必要性が高まった。そのため、いわゆる鎖国政策がとられ、海外との往来や、通商などが制限されたわけだ。ただ、その時期でも、オランダだけが、唯一貿易を許されていた。同国がキリスト教を布教しない宗派の国だったのが理由といわれている。鎖国体制が構築されてから、一世紀ほど経過すると、島々で新たに歴史を動かす出来事が発生する。それは、為政者たちに、いやおうなく国際情勢を知らせる結果になった。

1739（元文4）年、陸奥国（宮城県）・牡鹿半島沖の網地島（あじしま）に、ベーリング司令官が率いるロシアの黒船が来航した。そこから、ロシアとの交易がスタートしたとされている。1791（寛政3）年には、紀伊国（和歌山県）・紀伊半島潮岬の東に浮かぶ紀伊大島（きいおおしま）に、米国のケンドリック船長が率いる帆船「レディ・ワシントン号」が来航。同船はラッコの毛皮などの交易を申し入れてきたらしいが、これが米国との最初の接触といわれている。この出来事の60年後に、有名なペリー提督率いる黒船が浦賀（幕府直轄地・神奈川県）に来航。本格的な門戸開放につながる局面を迎える。

島に「海外」はなかった

表立った海外との交流とは別に、昔から、いわゆる密貿易の拠点になったのも島だった。北海道の礼文島では、1800年前後に、加賀藩の商人を中心に、ロシアとの密貿易が行われていたと伝わっている。時代が大きく下って、第二次世界大戦後の米国占領下の数年間、沖縄の与那国島や、奄美の与論島辺りが台湾などとの密貿易で賑った。当時のバブル的な活況は、今でも、地元の年配者の記憶に残るところだ。

いずれにせよ、海洋を通じて世界と直接向き合っている島々こそ、太古から近代に至るまで、いろいろな形で、国際交流の最前線を担ってきたわけだ。

多くの異国文化との接触の中から、島人たちは様々な異質なものを受け入れて、それを本土に中継してきた。南洋文化、大陸文化、南蛮文化のどれもが、島から導入された。本土の文化・文明が島に波及したというよりも、島が文化・文明を本土に伝えてきた。島こそが、わが国発展の礎を築くうえで、先駆的な役割を果たしてきたとするのは、言い過ぎだろうか。

今では、人口の減少・過疎化の進行に悩んでいるような、小さな島の中にも、歴史的には違う姿が見られる。内外の多くの人が往来し、世界に向けて開かれていた島すら少なくない。島人たちの、海を越えた活動や、異国人たちとの臆することのない触れ合いぶりには驚かされる。昔から、島人は海に囲まれて生きてきた。それだけに、グローバルとまではいかないとしても、意外に外に向かって積極的な意識や、開放的な姿勢をもっていたのかもしれない。

そもそも、本来、日本は海洋国家、日本人は海洋民族である。広い海洋を自由に行き来する民族は、海外の異質なものも自然に受け入れて、内に取り込み、融合を図っていける。日本人には、そうした精神風土が、身についていたはずだ。そうでないと、日本の文化・文明の発展はなかった。昔の島には、「海外」という概念や、言葉自体がなかったのではないか。そう思うが、どうだろう。

内向きの姿勢を捨てよう

「島を窓口にして、世界に向き合い、新しいものや、異質なものを進んで取り込んでいく」。そうした、海洋民族として日本人に根づいていたはずの精神。残念ながら、それが歴史の様々な局面で、一時的にせよ抑え込まれてしまったことがあり、それは戦後にも続いているのかもしれない。

江戸時代の長きにわたる鎖国政策は、日本人の目を、波のかなたに向けさせないようにした。だから、人々が狭い国内だけを視野に入れる習性を身につけてしまった可能性は否めない。

しかし、明治維新による本格的な開国により、展開は変わった。日清・日露からの何度かの戦争を経て、日本人の目は海の外に向いた。しかし、それはまた、植民地争奪戦という様相ももち、アジア太平洋戦争へと広がり、敗戦を招いた。敗戦後、わが国はそれまでの国土を失い、再び内向きとなった。その後、奇跡の復興と高度経済成長を辿る過程では、その内向き意識が独自の力を発揮すると同時に、押し寄せるグローバル化の流れのなかで、世界に向き合う日本人の本来の意識を取り戻してきた。鎖国政策と敗戦の後遺症を脱したはずだ。だからこそ、多くの諸外国との国際競争に、競り勝ってこられたのだ。

ところが、最近の日本人には、外の世界に自発的に向かっていく気概や、競り合う姿勢が、以前に比べると乏しくなってはいないだろうか。グローバルに挑戦していく気合と、その能力が低下してしまったように感じられる。

国民全般に、内向きになってしまっているとの指摘もある。専門家からは、若者たちの海外志向が弱くなっているという懸念の声を聞く。

確かに、ひとつの現象として、われわれの時代に比べると、外国の大学で学ぶ留学生の数が激減している。何故なのか。日本企業に、留学生を送るだけの余裕が失われたわけではあるまい。海外で学ぶアカデミックな価値が乏しくなったわけでもあるまい。若者たちの意欲の問題ではないか。

明治の開国からは、すでに150年を経ている。周囲には、これだけ世界中の多種多様で、刺激的な情報が溢れている。それにもかかわらず、若者の海外志向が薄れてしまったとすれば、不思議だし心配だ。

わが国は、経済が成熟期に入り、少子高齢化など縮む方向での社会構造の変容が急速に進行している。いわば、守りの時代に入りつつある。それにつれて、島国根性と揶揄されるような、「こせこせ感」が台頭してしまったのか。内を向きがちな、今の世の中のムードに、懸念をもたざるを得ない。

今日、世界の時代環境は激動している。経済的な動向をはじめ、あらゆる社会活動や、情報の流れがグローバル化、ボーダーレス化している。その中で、きちんと世界中を相手にして取り組む気概を強固にしなければ、この先の国際競争に勝ち抜いていけない。加速する世界の動きに遅れをとらないために、何としても、内向きの精神構造を払拭する必要がある。とりわけ、若者の目が内を向いていたのでは、駄目だ。国の将来が危うい。

古来、わが国を発展させてきた原動力は何であったか、あらためて思い起こしたい。海のかなたの異質なものを、前向きに取り込んでいく、進取の気性だったはずだ。今でも、海洋民族である日本人スピリットの底流には、そうしたＤＮＡが受け継がれているに違いない。視野と関心を、思い切ってグローバルに広げていこう。

二、燃える氷が眠る

日本は明日の資源大国だ——海底から宝を掘り出す

「この国は資源貧乏で、必要な資源のほとんどを輸入に依存している」

それが、日本国民の頭に染みついている、いわば常識だろう。間違いではない。しかし、本当に将来にわたって、そうなのか。世界に冠たる海洋大国の日本が、いつまでも資源貧乏のままでいるはずがない。

広大な経済水域は、様々な価値をもたらしてくれる。いずれも、貴重な国益として、しっかりと守りつつ、ありがたく活用していかなくてはならないのは、言うまでもない。経済的な価値の中で、最も重要なのは、もちろん各種の資源の存在だ。

海洋が生み出してくれる資源には、何があるか。大きくは、4つに分類できる。すなわち、エネルギー源と鉱物を主体とする海底資源、魚介類などの水産資源、海水そのものに含まれている資源、さらに潮力などを活用した発電エネルギー。いずれも貴重な経済資源だが、とりわけ、海底は「資源の宝庫」といえよう。

この時代、世界中で天然資源を巡る各国のナショナリズムが高揚している。今後とも、世界が経済成長を持続していく限り、各国がそれぞれの国運をかけて、資源の獲得に向け、一段と激しく競争していく状況は避けられない。

だからこそ、外洋に散らばる多くの離島が基点になって構成している排他的経済水域が、益々クローズアップされる。前章でふれたように、経済水域の規模で、日本は世界の6位、あるいは容積では4位なのだ。排他的経済水域の大きさは、深海底に存在する鉱物資源の開発をはじめ、資源確保の可能性という観点から、その重要性を格段に増している。


「日本は、言わずと知れた火山列島。火山の国ならではの、資源の恵みを頂ける」

世界中の石油は、その3割が海底から産出されていると聞く。もちろん、石油だけではない。海底には、石炭、天然ガスなどのエネルギー源、そしてマンガン、コバルト、銅といった金属資源の大量な埋蔵が知られている。海の底は、広大な鉱脈といえる。

近年、日本近海の海底火山の噴火口の周辺に存在している、「海底熱水鉱床」と呼ばれる鉱床への注目度が高まっている。そこには、市場価値の高い希少金属（レアメタル）から、金銀などの金属まで、膨大な金属資源が眠っているようだ。

海底熱水鉱床とは何か。専門書によれば、海底の地下に浸透した海水が、海底火山のマグマによって熱せられ、地殻中の有用な元素を抽出しながら噴出、それが冷えて沈殿してできた鉱床である。嬉しいことに、火山列島である日本の周辺海域には、多くの熱水鉱床が横たわっているわけだ。

わが国最東端の島、南鳥島からミクロネシアにかけた海中の山には、世界でも最高級の濃度を誇るというコバルト・リッチクラストが堆積しているそうだ。日本近海で、将来的に回収できるかもしれないその資源量は、実に11億トン、金額換算で100兆円以上と推定されている。

「海の燃える氷が国を変える」

そして、太平洋の深海の地層、とくに南海トラフの近辺には、メタンハイドレート、いわゆる氷結メタンが広く分布していることも明らかになっている。

メタンハイドレートは、「燃える氷」とも呼ばれる。深海であればこその、低温と高圧という2条件が組み合わさった結果、メタンガスと水が結晶化した物質だという。その成分は、天然ガスと同じ。国内で使われている天然ガスに換算すると、100年分の消費量に相当する氷結メタンが眠っていると推定されている。

すでに、南海トラフ海域などの海底では、氷結メタンの商業化を模索する調査が始まっていると聞く。技術的には必ずしも容易ではないようだが、日本の高い技術力を信じたい。この次世代のエネルギー源の商業化が実現すれば、エネルギー問題の救世主になるものと期待される。この国の将来に、大いに自信が湧いてくるというもの。

わが国では、石油をはじめエネルギー源の９割方を、輸入に依存せざるを得ない構造を余儀なくされてきた。したがって、何らかの国際情勢の変異などに伴い、石油の確保が困難になる状況への不安が拭えない。それが、経済ばかりでなく、安全保障の面でも、最大のウィークポイントとして、常に意識されてきた。だからこそ、この国の将来の安定的発展は、排他的経済水域の確固たる防衛と保全にかかっている。

わが国の主権下にある水域に眠っている、豊かな資源。その戦略的な開発と活用に向けた挑戦を、国の大目標に据えて、総力を結集していくべきである。そのためにも、政府は、広く民間企業の参入を促すよう、商業化への行程をしっかりと示す必要がある。

沖ノ鳥島を海中に沈めるな

「沖ノ鳥島は島ではなく、岩に過ぎないと主張している近隣国がある」

「とんでもない。断固として島だ。岩では、経済水域の基点にならない。沖ノ鳥島を島として守れなければ、国土全体と同じくらいの水域を失ってしまう」

外洋の離島がもたらす、経済権益を守る戦いの象徴が、しばしば耳にする、沖ノ鳥島の現況であろう。

東京の南方海上1700キロに浮かぶ、この日本最南端の無人島は、小笠原諸島に属している。1543年に、スペイン船が発見。時は流れて、1931（昭和6）年、当時の国際連盟が定めた、南洋群島委任統治制で日本領になったのが経緯である。

この島を基点にして、周囲に全国土の面積を上回る、約40万平方キロに及ぶ排他的経済水域が広がっている。その海域の底には、相当量の金属鉱の存在が判明しているという。

ところが、温暖化による海面の上昇と、波による浸食が激しく進んでしまっている。1930年代には、6つの島が存在していた。しかし現在は、満潮時になると、2つの小島のみが、水面上にわずかに顔を出しているのが実態である。

仮に、この2島が完全に水没してしまい、岩になってしまうと、どうなるか。国際的に、陸から200海里、370キロの排他的経済水域は設定できないことになる。したがって、12海里の「領海」しか認定されない。

もちろん、国も手をこまねいているわけではない。まず、2島の周囲に、コンクリートの防護壁を構築した。そのうえで、サンゴの再生（慶良間諸島に持ち込んで増殖を図っている）や、海藻の植え付けなど、懸命に島としての維持保全と経済活動を図っている。さらに、海洋調査船などの係留を可能とする、岩壁の建設などにも取り組んでいると聞く。

しかしながら、近隣には、沖ノ鳥島を日本領としては認めるものの、排他的経済水域の基点にはなりえない、つまり「島」ではなく「岩」である、と主張する国もある。現に、他国の経済水域では本来許されない行動に出ており、厳重な注意を怠れない。

北の海でも、危惧される事態が発生している。稚内の東海上、猿払村の沖５００メートルに浮かぶ無人島、エサンベ鼻北小島。最近、海面上に見えなくなったため、調査が行われている。もし、波や流氷による浸食で海面上から消失していれば、この島を基点とする日本の水域が狭まる結果になる。

温暖化による海面の上昇は、南太平洋に位置するツバルなどの島国にも、深刻な影響を及ぼし始めている。国そのものが水没してしまうのだ。すでに、生活できる陸地が狭まり、近くの国に移住せざるを得ない島もでていると聞く。

沖ノ鳥島。岩壁の建設が進む
（国土交通省関東地方整備局 京浜河川事務所提供）

海には魚から発電所まで

国の主権下にある水域は、海底に埋まっているエネルギー源や金属資源のほかにも、膨大な経済価値を有している。言うまでもなく、最も身近なのは、水産資源だ。魚介類や海中の哺乳動物、海藻類など、漁業によって得られるもので、われわれの貴重な食料になる。専門家は、日本の島々周辺の海洋生物は、世界で最も豊富な種類を数えると指摘している。近年、漁業を巡る国際間の獲得競争も、激化の一途を辿っている。それだけに、水産資源を確保するうえで、排他的経済水域が広大なことの意義はきわめて大きい。

「海の水だって、大切な資源になるかもしれない」

一般的には、あまり注目されてこなかったが、海水そのものにも、資源的な価値がある。少なくとも、大きな価値を生む可能性が期待できる。海水中には、塩素、ナトリウム、マグネシウム、ウランなどの資源が、まさに無尽蔵に含まれている。

わが国は、世界で4番目に大量の海水に恵まれている事実を、思い出そう。将来、技術が進歩して、海水中の資源を商業的に活用できるようになれば、きわめてありがたい経済資源になるはずだ。夢をみよう。

「海は巨大な発電所だ。再生可能エネルギーが拡大できる期待に満ちている」

近年、再生可能エネルギーを含めた、いわゆるエネルギー・ミックスの適正化が世界的に重要な課題になっている。その一環として、海洋が生み出すエネルギーを活用した発電システムを、本格的に実用化できないか。その発電資源としての可能性が関心を高めている。波の力による発電、あるいは潮位の差や、海水の温度差を活用した発電システムが、具体的に研究されている。潮力は一定の規則性をもっているため太陽光や風力に比べて、常に安定した発電が期待できる利点があるそうだ。

将来の本格的な開発が待たれるが、幾つかの離島が、その開発のための実証実験の拠点になり得るとみられている。

そのほか、海中には、意外な発電資源があるのも知られている。海の中に無尽蔵に存在するものは何か。海藻だ。その海藻類から、バイオエタノールの原料を抽出する研究が進められている。現在稼働しているバイオ発電では、木質チップなど必要な燃料の確保に苦労しているのが実態とみられている。それだけに、海藻類に由来するバイオエタノールの商業化の成功が大いに待たれる。

経済水域を形成する島々の多くは無人

島々がもたらしてくれる、豊富で様々な海洋資源は、まさに日本を押し上げる潜在力にほかならない。国としても、「海洋基本計画」などにおいて、海洋資源こそ、日本に富と繁栄をもたらす力として、明確に位置づけている。期待度の高い潜在力を、どう現実の力にしていくのか、真剣に取り組むべき、国の重要課題である。

しかし、この先に向けて、決して軽視できない状況がある。海洋資源を生み出す経済水域を形成する基点になるのは、国境の島々である。その多くが無人島なのが現実だ。現在は有人であるとしても、そうした島は、少子・高齢化、過疎化のテンポがきわめて速いだけに、先行きは深刻と言わざるを得ない。当たり前だが、海洋権益を守る拠点として、有人島と無人島とでは、その機能が大きく異なってしまう。

知られているとおり、近隣国の領土的野心には、きわめて強いものがある。しかも、これらの国々は、現実に生じている領有権を巡る紛争においても、国際機関の介入を受け入れようとはしない。もちろん、離島の領有権問題の背景は、単純なものではなく、幾つもあるかもしれない。それでも、その島が生み出す、経済水域の価値が大きな要素になっていることを忘れてはならない。

すでに、日本の排他的経済水域で、違法操業を行う、隣国の漁船などが増加している。これまでのように、国も国民も、国境の島についての管理保全と領土防衛の意識が薄いままでいたら、どうなるか。安全保障上の脅威が強まるのはもとより、海洋大国としての、富の源そのものが危うくなるということだ。

今こそ、排他的経済水域を防衛する意識をあらためて強固にし、国際法に基づいて、固有の富を毅然として守っていく気概をもつことが求められる。国境の無人島には、少なくとも、わが領土権を明確に示すために、国旗ぐらいは掲げるべきだという声が聞かれる。全く、同感だ。

三、他国との鬩ぎ合い

日本の国境は島が守っている

「いかにも離島の夕暮れらしい、絵に描いたような、緩やかな風景が広がっている。でも、ここは国境なんだ」

本土から遠く離れた、小さな島の港。夕日を浴びながら散策する。波間が黄金色の陽光にきらめく。桟橋では、子どもたちが夕食のおかずを求めて、釣り糸を垂らしている。長閑(のどか)で平和な雰囲気。

しかし、桟橋の奥には、海上自衛隊の艦艇が出入りしている。緊張感の漂う国境の地にまで来ている、その想いが強く湧いてくる。水平線のかなたは、別の国なのだ。

島は、地理的にみて、国の外縁を形成している。他国と国境を接する、最前線に位置しているということ。国際的な取り決めにおいて、陸地から一定の距離内にある領海と、排他的経済水域が、その国の管理水域とみなされる。わが国では、管理水域を定める計測上

島の夕暮れ

の基点となる陸地は、すべて島である。敢えて繰り返し強調する。「国境の島々が、安全保障面はもとより、海洋の経済的権益を守っている」という事実を軽視してはならない。

本土から遠く離れてはいるが、国境あるいは、その周辺の離島に、日本人が定住している。国境の地で、経済的な営みを行いつつ、日常の社会生活を送っている。その現実こそが、何よりも、この国の領土を守る盾になる。国境を守っている証になる。

だから、その地の住民たちが、安心で安全な日常生活と、しっかりとした経済活動を維持できている状況が重要になる。それが、国により保障されているか、保障の度合いはどうか。その実態が、きわめて重い意味をもつ。広く国民が、そうした意識を共有しているといいのだが。

国境離島に寄せる波は荒い

「国も、ようやく離島の管理について危機感を強め始めたか」

政府としても、遅ればせながら、国境の離島を本腰を入れて守る必要

国境の島には、英語・中国語・ハングル文字の表記がある（右は福江島。左は壱岐島）

性について、認識を強めつつあるように窺われる。現実に、近年になって、幾つかの新たな施策が打ち出されている。ひとつは、まずもって、国境離島の実態を把握する。それを踏まえて、海洋権益を保護するための活動拠点として、重要な離島を特定する。特定された島には、管理体制を強化する措置を講じる。一般の人の関心は薄いかもしれないが、かねて待望されていた政策といえる。

そもそも、国境を守っている離島は、幾つくらいあるのか。全国の13都道県に、合計して、１４８の人が住む国境離島が存在している。２０１７年に、いわゆる離島新法になる「有人国境離島法」が施行された。同法では、有人国境離島のうち、地理的に重要度の高い71島を、「特定有人国境離島地域」に指定している。指定対象の島には、国が交付金を用意して、保全管理や、財政面からの支援を行うと聞いている。

しかし、こうした新たな国策にもかかわらず、国境離島の今後の展望は、決して楽観できるものではない。なぜならば、指定対象の島々の中には、遠くない将来において、無人化してしまう可能性が予想されている島が少なくないからだ。

ちなみに、現状でも、全国の有人島の６割は島民が５００人以下の過疎の状態にある。すでに住民が小規模になっているだけに、今後のさらなる急速な人口の減少によって、一気に無人化するケースも増えてきかねない。完全な無人にまではならないとしても、独立した自治体としては、十分に機能し得ないような人口規模の島が増加していく可能性が強い。

島がいったん無人になると、様々な機能を保護する拠点としての維持が、一瞬にして難しくなってしまう。漁場の維持や、海洋の調査・管理、領海の警備などが困難になるということだ。過去に無人化した事例が、その後の島の再生はもとより、陸地としての保全が容易でないことを物語っている。

結局は、領土の保全と防衛も含めて、主権的な権利を守っていくうえで、重大な影響を及ぼすことにつながる。国境の島々が置かれている事態は、きわめて深刻なわけである。

現在、幾つかの離島が、領有権などを巡って、近隣国との間で紛争状態にある。いずれも、国境に位置する無人の島々だ。今後とも、地政学的に重要なロケーションに位置する島や、その周辺の無人の島々が警戒を要する。とにかく、島を無人や、それに近い状況にしてはならない。そのために、国境離島の住民の生活を、どう守るのか。安全保障の観点からも、問題意識を格段に高めていかなければならない。

新たに、有人の島を増やすのは難しい。そもそも、一般人が居住できない事情があるために無人島なのであって、そこに新たな入植を図るのは不可能であろう。少なくとも、無人島を、さらに発生させないことが、肝要な課題となる。

領土は天から自然に与えられるものではない

本土であれ、島であれ、一国の領土は自然に得られるものではない。世界の歴史が物語っているとおり、自国の領土は、外国との鬩ぎ合い(せめぎあい)を通じて、確保されていくものである。日本列島は、四囲すべてを海で囲まれて、大陸や隣国とは一定の距離が置かれている。だから、一見すると、安全圏にいるようにも思われがちだ。しかし、歴史を振り返ると、どうか。島々を自国領として守るのは、決して容易ではなかった経緯が残されている。

7世紀には、早くも対馬島に、国境警備の最前線として、防人(さきもり)と称される警備部隊が配備されている。この島は、「防人の島」と呼ばれ、最果てで国防に当たる人々を巡り、数々の物語や、詩歌の舞台となった。

その他の国境周辺の島々の多くも、国境ゆえに、古来から、時には戦場や、軍事的な要塞になってしまう宿命を免れなかった。史実として、現に九州北部は外国軍に襲われている。モンゴル帝国による元

「防人の島」・対馬島（国境の島。石屋根）

寇の役と、その際に、14万人のモンゴル軍が全滅した、いわゆる「神風」の奇跡は、誰もが知るところだ。

「絶対にニワトリを飼ってはダメだ。殺されるぞ」

文永（1274）と弘安（1281）の役と呼ばれる元寇の際、対馬島や壱岐島とともに、モンゴル軍に攻められた肥前鷹島に伝わる秘話がある。島内のある集落では、モンゴル軍が襲ってきた時に、ニワトリが鳴き声をあげた。そのため、隠れていた住人が気づかれてしまい、滅ぼされてしまったという。

この地区では、いまだにニワトリを飼っていないと聞くが、どうだろう。島の周辺の海底には、元軍の船などの遺物が、多数眠っている。

北日本でも、1800年代の初頭には、北海道北端の島、利尻島に、ロシアに対する警備隊が配置されていた記録が残る。

古来から近世まで、国境の島を、天然の要塞として活用するかたちで、国防に当たってきたわけだ。

1824（文政7）年に、キャップテン・キッドの財宝伝説で知られる、トカラ列島の宝島に、英国船が来訪し、侵略行為に及ぶ事件が

鷹島肥前大橋。橋の先に鷹島が見える
（長崎県観光連盟〈ながさき旅ネット〉提供）

宝島・イギリス坂。1824年、英国人と島人の争いがあった（十島村役場総務課提供）

発生した。

上陸した英国人船員は食料にする牛を求めてきたが、当時の鎖国政策の下にあって、島側は拒否。食料を強奪しようとした英国人に対抗して、島民が立ち向かった。結局は、島役人が船員の一人を射殺してしまう事態となり、「イギリス坂事件」と呼ばれる。この出来事が、翌年に発布された「異国船打払い令」など、徳川幕府の鎖国政策の強化を招来したといわれている。

われわれは、7世紀半ばに、北九州の島々に国境警備の防人が設置されて以降、最果ての島で、領土防衛の任に当たってきた祖先たちがいたことを忘れてはならない。昔から、島は国防の最前線を担ってきたのだ。

外洋離島の領有は常に危うい

近世以降でも、遠い外洋に浮かぶ離島の領有を巡るドラマは少なくない。

「小笠原諸島は、もしかしたら英国領だったかもしれない」

現代の日本人は誰もが、小笠原諸島は、わが国の固有の土地だと思い込んでいる。だから、ちょっとした歴史の歯車の回り方次第では、英国の領土だったかもしれないと言われると、戸惑うだろう。

小笠原諸島は、古くは、ボニン島（ムジンのなまり）と呼ばれ、現代の国際基準では、わが国経済水域の3割近くを構成している。この無人島に、最初に移り住んだのは、欧米人とカナカ人とされている。

1827（安政10）年には、英国が自国の領土だと宣言。その後、江戸幕府が、英国領と認めず、日本領だと言い出したのは、三十数年も遅れる1861（文久元）年。

それに対し、英国は当然の権利である占有権を強硬には主張しなかったと伝えられている。なぜなのか。同じ年に、ロシア海軍が南下政策の下で対馬島に上陸し、軍事基地の建設を図った。その事態を受けて、幕府の要請に応じた英国軍が、ロシア軍を排除してしまう「対馬事件」なるものが発生している。それゆえに、英国としては、日本に対してロシアのような領土的野心を抱いていない姿勢を、示さざるを得なかったのかもしれない。あるいは、当時、英国と米国が小笠原の領有権を争っていたともいわれている。それが、日本側に、いわゆる漁夫の利をもたらしたのかもしれない。真相は分からない。

いずれにせよ、わが国としては、その時期の国際情勢に救われたのは、間違いない。小

小笠原·父島。無人島発見之碑

笠原諸島が、日本領として国際的に主権が認められたのは、1876（明治9）年である。

一方、歴史的な国際情勢が不利に働いたのが、尖閣諸島だ。わが国は、1895（明治28）年に、魚釣島など5島からなる尖閣諸島を、沖縄県に編入し、一貫して実効支配してきた。1901年から40年近くは、入植した日本人により、経済活動が営まれていた史実が残っている。

ところが、1969（昭和44）年、国連の実施した調査が、この水域で、石油、天然ガス資源の豊富な埋蔵を確認。その直後、中国が突如として、領有権を主張し始める。

米国は、1972年の沖縄返還と同時に、領有していた尖閣諸島も返還した。ただ、返還に際して、領有権問題については、日中いずれのサイドにも立たない旨、敢えて表明している。

なぜ、返還しながらも、米国は理解に苦しむような奇妙な表明をしたのか。真相を示すカギは、その時期の国際情勢にありそうだ。当時、米国は中国へ急接近していた。1969年に発生した中ソ紛争を、社会主義陣営の分断を図る好機とみたのであろう。だから、

尖閣諸島・魚釣島（石垣市役所企画政策課提供）

小さな無人島の領有権問題などで、中国を刺激したくないという思惑があったと思われる。

残念ながら、尖閣諸島は、そうした国際情勢の犠牲になってしまい、近年に至り、ますます挑発的な中国の行動に伴い、深刻さの度合いを増している事態につながっているわけだ。

無防備でいた無人島は、現実に奪われた。島根県沖の隠岐島（おきのしま）から北西160キロに浮かぶ竹島（たけしま）は、他国に侵略された島だ。

1952年に、米国の軍政下から独立した韓国が、国際法に照らして何ら根拠のない海上の線引きを強行して、この島を占拠してしまった。もちろん、日本は国際司法裁判所への提訴を続けてきた。しかし、正当性が全くないことを最も承知している相手国は、出廷に一切応じてこない。そうした不法占拠にもかかわらず、日本は対抗上の実力行使を怠ってきており、今や事態の解決は期待すべくもない。

領土は、天から与えられるものではないことを、あらためて胆に銘じなければならない。

竹島全景（島根県総務課竹島資料室提供）

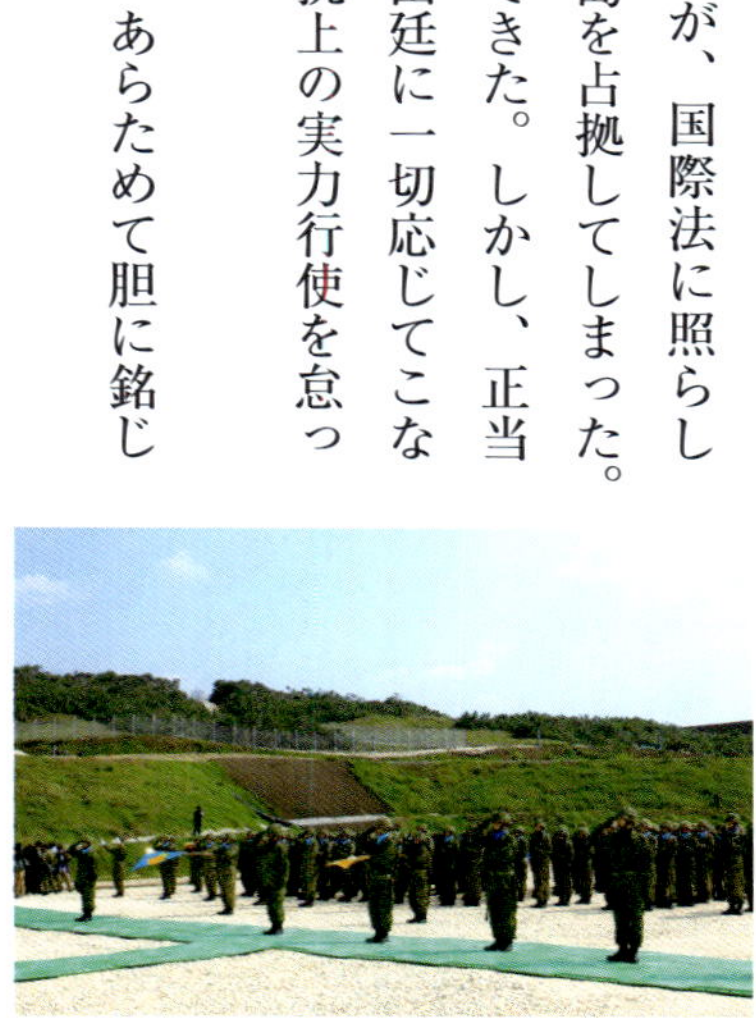

与那国島の陸上自衛隊・沿岸監視隊
（西部方面隊ホームページより提供）

地図を逆さに眺めると見えること

国は、国境離島を巡る危機感の高まりに直面して、ようやく防衛体制強化の必要性に目が覚めてきた。これまで、国土防衛のうえで、事実上空白であった南西諸島への自衛隊の配備などに取り組み始めている。

2016年には、わが国最西端の有人島、与那国島(よなぐにじま)に、陸上自衛隊の駐屯地と、沿岸監視隊が創設配備された。最果ての島にあって、国防の最前線基地になるわけだ。奄美大島などにも、自衛隊の基地が建設されつつある。さらに、ついには離島が侵略されてしまう可能性すらも、現実的な視野に入ってきているのであろう。奪還作戦を担うため、新たに海兵隊に相当する、水陸機動隊も発足したと聞いている。

「それにしても、外洋の小さな無人島が、なぜ大国同士が衝突するほど重要なのか」
「世界地図を見たら、緊張をもたらしている背景を納得できる。平和ボケから目覚めないとダメだ」

東アジアの世界地図を、上下逆さにして眺めてほしい。日本列島の地政学的な位置づけが、よく分かるはずだ。ロシア、中国、韓国などが、太平洋を目指す場合、いかに弧の形をした日本の島々が邪魔なバリアーになっているか。周辺国にとって、日本列島は太平洋を守る砦のように映ると思う。その砦の最前線を守るのが島々だ。

多くの日本人は、島の領有権問題の深刻さや、本質的な背景を十分に認識、理解しようとしていないように感じられる。海に囲まれた日本は、外縁を形成する島々に守られて存続してきた。だから、海洋の地政学こそが重要である。国も学校教育も、その認識を明確にもたなければならない。

世界の国と国の領土紛争は、相手が直接目に入る陸続きの国境線をはさんで対峙するケースが多い。ところが、陸続きの国境がない、わが国の場合は、相手国との間に、広大な海洋という、対岸が見えないバッファーが存在している。それが、国民の領有権問題などに関心が薄い、ひとつの原因かもしれない。あるいは、平和な時代が長く続き、人々の危機感覚が鈍くなってしまったのか。

逆さに見た東アジアの地図
太平洋を目指す国にとって、日本列島はバリアーになっているのがよく分かる

いずれにせよ、海に囲まれた島国であっても、国境は決して自然に引かれるものではない。それを忘れてはならない。現在の国際秩序の下で〝寸土を軽視すれば全土を失う〟とまではならないかもしれない。しかし、官民ともに、全ての島々を断固として守っていく気概と、息の長い戦略が求められていると思う。

クバの帽子

三の旅
島旅は洗心洗身

一、癒しと情の小空間

島の空気は人生観も変える

「東京にも砂漠があるのを知っているかい？」

「まさか！　都心のコンクリート砂漠のことだろう」

ところが、本当にあるのだ。林立するビルとコンクリートにおおわれて、緑に乏しい都心の街を比喩した砂漠のことではない。本物の砂漠だ。

本土東京の南１２０キロの太平洋に位置する伊豆大島（いずおおしま）。ここは、東京都。その島の、世界３大流動性火山として知られる三原山の裾野に広がる、れっきとした正真正銘の砂漠。国土地理院が公式に「砂漠」として認定している。

ユネスコの地球活動遺産・ジオパークに指定されている三原山。過去に何度も大噴火が発生している。その噴火口から溢れ出た溶岩流の痕を眺めながら、黒い砂れきをザクザク

伊豆大島･世界３大流動性火山の
三原山。裾野には砂漠が広がる

と踏みしめる。東京都を歩いている感じはしない。

「これは、小さな離島の景色か。まるで、北海道の草原にでも来ているようだ」

思わず、そう呟いてしまう。海原を望む雄大な広がりと、牧場が展開。ヨーロッパを想わせる情緒すら漂う風車の光景。

ここは、北九州の玄界灘に浮かぶ筑前諸島の大島。一般的には、宗像大島とも呼ばれている。北方の海上には、「海の正倉院」と称される、沖ノ島が霞んで見える。

沖ノ島は、わが国有数の古代国家時代の祭祀場として知られる。今でも、島そのものがご神体であり、「神宿る島」として崇められる。宗像大社の神職以外は、男女を問わず、人の立ち入りが厳禁されている。もちろん、島にあるものは、一木一草一石たりとも、持ち出しできない。２０１７年には世界遺産に指定された。

「樹齢７２００年の巨木がそびえる。この島には、１カ月に35日も

宗像大島の大地に広がる風車のある景観

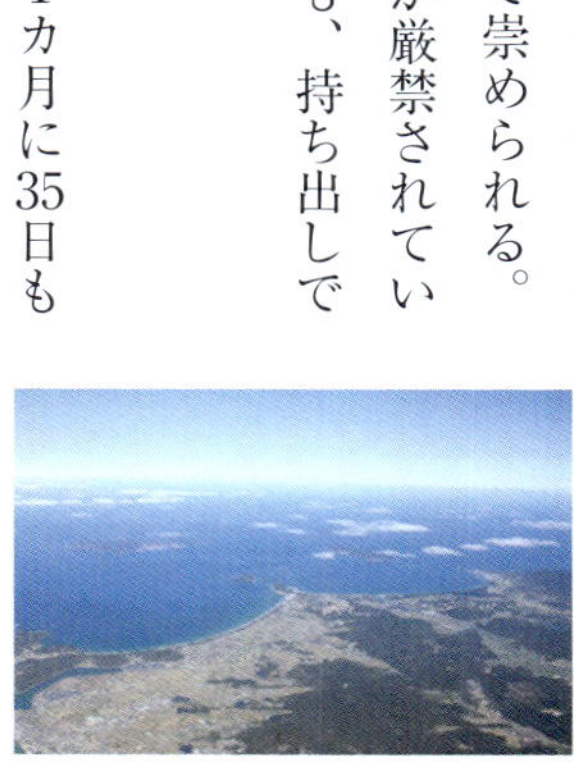
宗像大島と沖ノ島を含む筑前諸島を望む
（福岡県人づくり・県民生活部文化振興課世界遺産室提供）

雨が降る」

有名な縄文杉をはじめ、古代からの原生林でおおわれ、海岸には温泉が湧く屋久島。2000メートル級の3山を含め、九州の標高8位までの山々が、洋上にそびえている。国内で最初に世界自然遺産に登録された島。ここを歩くと、自然の美しさ以上に、その力強さを感じないわけにはいられない。

「まるで、アマゾンのジャングルにでも迷い込んだみたいだ」

沖縄県で最大の離島、西表島（いりおもてじま）。島全体が亜熱帯性植物のジャングルに包まれており、その大部分は秘境。大河が悠然と流れ、下流域ではマングローブの林が続く。イリオモテヤマネコをはじめ、希少な生物類の生息が知られている。日本の一部とは思えない空気が流れている。

遠隔の島は、日本的なものと、日本らしくないところが綯（な）い交ぜになったような、独特の景観を見せてくれる。その景観は、太陽の動きにつれて刻々と変わり、とりわけ海の色のグラデーションが素晴らしい。都会にあって感じる、1日24時間の気配の変化とは比較にならない。

屋久島3山のひとつ永田岳
（屋久島観光協会提供）

西表島・マリユドゥの滝
（竹富町観光協会提供）

南の島の澄み切った青空、サンゴのリーフと輝く海原、緑濃い樹林と原色の花々。切り取れば、そのまま絵になりそうな風景ばかりだ。

鳴き砂を踏んで歩く夜のビーチは、満天の星。闇に光る野性鹿の目、キビ畑を渡る風の音、爽やかな大気が淀むことなく流れていく。あまりにも月並みな表現しかできないで、われながら大いに気恥ずかしい限りだが、感じとってもらいたい。

２０１４年、沖縄の慶良間諸島が26年ぶりの国立公園に指定された。ケラマ・ブルーと称賛される別格級の美しい海と、真っ白いビーチが魅力の島々が点在している。心身ともに、ここの海の色に染まると、本土の喧騒に戻れなくなってしまいそうだ。

慶良間諸島に次いで、２０１７年には、奄美群島国立公園が新たに誕生した。九州南部と琉球の両文化圏からの影響を融合する形で、独自の奄美文化を育んできた群島。手

アダンの樹［上］とエメラルドグリーンの海［左］

つかずの貴重な自然が、島々に広く残っている。

全国の離島地区の多くが、国立公園や国定公園に指定されている。全国土のベースでは、総面積の十数%が指定公園といわれている。それに対して、島のみだと、実に4割近くが指定対象になっており、優れた自然環境を物語っている。

とりわけ観光資源に恵まれた島々では、生業として観光業に力を入れている。観光客の誘致が、島の活性化につながるのであれば、好ましい。ただし、島の自然は一旦荒れてしまえば、元の姿を取り戻せない。島を訪れる島外客は、何としても自然環境は保護するという、意識の高い人たちであってほしいと願っている。

遠くの情け島へ渡り命の洗濯

島は、自然の美観に優れているだけではない。この国の原風景を偲ばせるような風土や、日常の中に残る昔のままの人の温もり、そうした心に染みる懐かしさを感じる情や、事物に出会える。島人と交わす雑談から、とっくに失われてしまったような、昔の雅(みやび)な言葉さえも聞けることがある。一瞬、タイムスリップしたかと思う時もある。

それらは、本土の人々、とりわけ都市での生活を送る者にとって、快い癒しと、日常から離れた別世界を提供してくれる。

「島時間」と呼ばれる、ゆったりとした生活のリズムに、しばし浸る。混沌とした日々の中で抱えがちな、焦りのようなものが消えていく気がする。日常のストレスから解き放たれる。島が与えてくれる最高の精神安定剤だ。

「オイ、ひどい土砂降りだ。乗っていけよ」

慶良間諸島の渡嘉敷島（とかしきじま）の急坂。ビロウの生い茂る美しい島に、突然降り出した激しい雨。カサももたずに立ち往生していると、通りがかった軽トラックが声をかけてくれる。ズブ濡れのまま助手席に乗り込み、宿まで送ってもらう。こうした厚意のありがたさが、旅では身に染みる。

「乗るかね」

雨天でなくとも、急峻な登り道などを息を切らせて歩いていると、しばしば車の窓が開いて、誘ってくれる。島の人は、よそ者に対しても、情が厚い。

慶良間諸島·渡嘉敷島。突然降りだした雨に情が染みる

「沖で見たときゃオニ島とみたが、来てみりゃ八丈は情け島」

かつて流人(るにん)の島として有名な、伊豆諸島の八丈島で、古くから歌われる『ショメ節』の一節。

東京の南287キロの太平洋に浮かぶ島。温暖で住みやすく、雄大な八丈富士が鎮座する。江戸時代、この島には、多数の流人が送り込まれた記録が残る。流人たちは、厳しい生活条件の中でも、生き延びられただけではなく、流人文化の花を咲かせたと伝わる。

それは、島人たちが、流されてきたよそ者を、温かく受け入れ、生活を支えたからこそであろう。その時代にあっても、島の人たちには、心の余裕のようなものがあったのだと思われる。ちなみに、この島には、ほかの流人島にみられるような、島人とは別の土地に集められた流人墓地がない。島人と同じ墓所で眠っているのに、驚かされる。しかも、常に行き届いた清掃が行われている。

その八丈島で、先日、心温まる路線バスを体験した。天候が急変したため、目的地を急遽変えて、途中で下車。半日後に乗った帰路のバスも、同じドライバーさん。前払い制の乗車賃を払うと、途中下車の際に余ったからと、その分を差し引いてくれる。わずか数十円ではあるが、こうした島人の何気ない細やかな心が実に嬉しい。

「来てみりゃ八丈は情け島」
八丈島・『ショメ節』の太鼓

「島じゃ、結がないと、やっていけないからよ」

時に垣間見える、島の人同士の情の深さや、親兄弟などの間の絆の強固さ。それには、本土の人間からすると、驚くほどのものがある。

「結」とは、昔の集落の住民が、いろいろと助け合い、協力し合う相互扶助の精神であり、今でも地域社会に根づいている。とくに、人口の少ない島では、荷役作業や、大工仕事などの力仕事をはじめ、多様な場面で互いに力を貸し合うのが当たり前と聞いている。小さな島の桟橋に船が接岸すると、駐在の警察官すら含めて、男衆が総手で荷役作業などに励む光景を目にする。

島中が助け合いながら、集落という運命共同体を維持しているわけだ。本土の都市部では、今や、そうした地域の人間同士のつながりが、きわめて薄くなってしまった。

「どこからかね」お年寄りの穏やかな声。

「こんにちはー」子どもたちの元気で、かわいらしい声。

島の道で、学童や中学生に出会うと、気持ちがよい。見知らぬ旅人に対してでも、ほとんどの子どもが、自然体で挨拶をしてくれる。

島では、子どもから大人まで、欠かさず挨拶し合うのが当たり前になっている。今の本土では、どうだろうか。とりわけ、都会地では、大人も含めて、キチッとした挨拶ができない人間が増えている気がする。大人がしっかりと挨拶をしなくなってしまえば、子どもたちもできなくなるだろう。

島の人間の素朴で温かい人情や、子どもたちの人なつこく、礼儀正しい立ち振る舞い。それは、本土の都会人には、フレッシュな発見の想いを感じさせる。いわゆる「癒しの気分」といったものを超える何かがある。心の底から、懐かしさや、安堵感のようなものが湧いてくる。

「家のカギなんて使わないさ。泥棒なんぞ、おらせんから」

そして、島は安全だ。小さな島の集落では、家の戸締りすらしない。沖縄本島の西側に浮かぶ、渡名喜島(となきじま)。フクギの木に囲まれた集落には、赤瓦と石垣などの伝統様式の景観を残している島。ここでは、古い時代には、家の戸すらも不要だったようで、「戸無島(となきじま)」と称されていたともいわれる。

どこの島でも、住民が引き起こす犯罪などは、まず聞いたことがない。そもそも、皆がお互いに顔見知りの地域社会だ。しかも、犯罪者が逃げようとしても、海に囲まれた島からは、簡単には抜け出せもしない。

島は壊れた心も再生する

遠い島々の多くには、今の日本社会が失ってしまったか、失いかけている「古い日本」が残っている。そんな気がする。本土の人間には異質とも感じるものが、今日にまで伝わる島の風俗習慣や、人情の中に、ひっそりと息づいている。

島の人の信仰の中にも、本来の純粋な信仰の心が生き続けているようにみえる。時には厳しい自然環境と、決して楽ではない生活条件の下で暮らす島の人たちの信仰心には、とても深いものが感じられる。いろいろな形で自然の神と真摯に向き合い、海、山、森など生活を支えてくれる自然に対して、常に感謝の念を忘れない。

その信仰心は、一般的な意味での宗教心とは異なる。少なくとも、誰かから教義を教えてもらう、といったものではない。島々を巡り歩いていると、自然への感謝や尊敬を示す証を、いたるところで見つける。人間を支える信仰とは何なのか、あらためて考えさせられる場面が少なくない。

築島（つきしま）（宮崎県串間市）。
小さな離島の信仰の場

最近の本土で日常的に起きている難しい社会問題や、非道な犯罪など少なからぬ人々の異常な行動。どれもが病的だ。自死も多い。

抜きつ抜かれつつ走り続けなければならない、今の社会。抑えがたいイライラや、癒しがたいストレスが募っているに違いない。目をおおうような殺戮事件、学校や職場での陰湿ないじめ、家庭内での信じられない暴力、多発している煽り運転。

暗く大義のない出来事に接するたびに、世の中が変になっているとの想いを禁じ得ない。社会が病に冒されている。日本人の心が壊れているのだとすれば、その再生が必要だ。

島で出会う人の温かい情や思い遣り、人間同士の絆の強さ、自然の神への感謝の心、ゆるやかな時間の流れに任せた生活。それらは、今の世にあっても、日本人が本来もっていたはずの、優しさや、穏やかさを滲ませている。

島には、現代生活において、あって当たり前のものがないかもしれない。半面で、都市の生活者などが、いつの間にか失ってしまった、大切な何かが残っている。

人は、自分の本来の精神的な安定感が欠けてきたとか、どこか情緒が涸れてきたな、と感じたら、島に渡るといい。島人と酒を酌み交わし、海と山の空気を思い切り吸い込んでくるといい。一人でも多くの、心が壊れかけていると感じている人が、島の空気に触れて、温和な心情を取り戻してくれるといい。そう、切実に願っている。

人はそれぞれに島旅のドラマを楽しめる

「なんしに、こんな何もない所まできたね？」

島の人にもそう訊かれる。島に渡るのに、何も格別の目的はない。自然のままに、かけがえのない島時間を、〝ぜいたく〟に過ごす。それが、自分流の島旅の掟になっている。

月並みな言い方かもしれないが、ブラブラ散策していると耳が反応するのは、潮騒と風のそよぎ、島の鳴き声だけ。耳に障る音は、何も聞こえてこない。灯台がそびえている高台に登ってみる。広々と展開する開放的な眺望に満足。

ペットボトルに詰めてきた焼酎をチビチビ飲る。いつの間にか明るい陽光を全身に浴びながら、寝込んでしまう。時計が止まる。仕事のことや、毎日の雑事な

離島の高台で一杯飲りボーッとする

離島の灯台

ど、少しも頭を過(よぎ)らない。そんな一刻がたまらなく好きで、島旅を繰り返してきた。

何度も出掛ける島では、それぞれに自分なりの、お気に入りのスポットを見つけている。勝手なもので、たまにその場所に見知らぬ島外者が立っていたりすると、自分の聖域を侵されたような気分にすらなってしまう。

ある島に渡ると、いつも見つからないように、灯台の管理棟の屋根によじ登る。屋根に腰をおろして、弁当を広げる。高台から望む眼下には、小舟が海原を行き交う。遠くに、本土の山々がかすむ。実にリラックスできる。灯台関係者には、絶対に叱られるので、島の名は忘れたことにする。

「あ、またやられた!」

屋根の上で、ボンヤリと海に見とれている。その間に、何度も急に近づいた羽音とともに、トンビに弁当をさらわれてしまったものだ。

金では買えないような時間を、体感できる。いや、こうした一刻こそ、金と時間をかけて島へ渡り、求めているものなのだ。

もちろん、人の好みにより、それぞれの島時間の過ごし方があるはずだ。日常から離れた自然の中で、ダイナミックなアウトドア活動を満喫するのもよい。島は山と海の間の距離が近い。だからこそ、若者たちは存分にアクティブな行動を体験できる。

山の頂から、海原を眺めつつ浜に下りれば、マリンスポーツが待っている。ひと泳ぎした後は、小山にでも登り、缶ビールを開けて、遊んできたビーチを振り返るといった具合に楽しめる。とにかく、ストレスなどは忘れてしまう。

汗を流したあとは、島のソウルフードを味わうとよい。火山の島には、岩場の露天に温泉も湧いている。

島の夕暮れ時には、必ずのように、桟橋や砂浜で、沖合を眺めている人を見かける。島人が、まだ見ぬ南の理想郷を想っているのか、祖先の流れてきた遠い異国を想っているのか、共に生きていく自然を見つめているのか。そうした人と、一言だけでも言葉を交わすのは、島旅ならではの味わいがあるものだ。

「アンタには、とっておきの景色を見せてやるよ」

「こんなに素晴らしい場所があったんだ。知らなかった。観光スポットとして、もっと売り込めばいいのに」

薩摩硫黄島。秘境の露天風呂はダイナミックだ

「いや、ここには観光客にあまり来てほしくない。都会の連中が来るようになると、どうしても、荒らされるから」

親しくなった慶良間諸島のある島宿のオーナー。軽トラックで、地元の人でなければ辿り着けない穴場に案内してくれた。ケラマ・ブルーの海に小島が点々と浮かぶ、多島美の世界が静かに広がる。

とくに惹かれている島に繰り返し通うと、そこの住民との接触が深まる。地元の人だけが大事にしている秘めた所へ連れていってくれたり、よそ者には思いつかない経験をさせてもらえる。まさに、別世界を探し出すチャンスだ。

古老たちと一杯飲りながら、島のアレコレや、昔話を聞くのも面白い。

「こん島には、なんもなかけん」

「いや、これなんか、なかなかのものですよ」

「本土の人は、そんなもんが面白いのかね。こん辺にはいくらでもあるよ」

島のあちこちを散策していると、何かしら珍しいものや、不思議に懐かしさを感じるものが見つかる。興味を示すと、地元の人には怪訝（けげん）な顔をされる。

慶良間諸島・阿嘉島。
静かな港と白いビーチ

モノだけではない。島の当たり前の営みの中に、もう本土には残っていなかったり、遠い記憶が呼び起こされる気がするシーンに出会うこともある。島人たちは見なれているのだろうが、ビーチの美しさ、落日の見事さだけでも、島ならではの大変な価値だ。

本土の人間が島旅で探しているものは、結局のところ、インバウンド（訪日外国人旅行者）の感覚と似ているのかもしれない。

九州のある町では、何でもないマンホールの蓋が、アジアからの観光客の人気の的になっていると聞く。その蓋には、あらためて言われてみれば、なるほどと納得できるデザインが刻まれている。地元の人は、全く気がついていなかった。

ほかにも、日本人にとっては格別の価値を認識していなかった場所や、光景、事物が、外国人には注目スポットになっているケースも多いらしい。

もっと多くの人が、島の中に潜んでいる、隠れた魅力を掘り出す旅に出掛けてくれればと思う。必ずや、何か貴重なものを探し出せるはずだ。

島の夕暮れ

二、旨い料理で島酒に酔う

南島で旨いけど怖い料理に挑戦

「そいつは、あんまり食うと、あとが大変だぞ」
「どれぐらいまでなら、食べても大丈夫ですかね」
「まあ、3切れまでかな。それ以上は食わんようにしな」

居酒屋の大将に注意された。台風情報で全国に知られる、沖縄の孤島、南大東島。名物料理になっている、「インガンダルマ」のフライ。この、実は怖ろしい魚を食したのは、島旅での忘れられない体験。

インガンダルマは、通称ダルマとも呼ばれる深海魚で、スズキの仲間。人間の体には吸収されない、特有の脂をもっている。料理すると、文句なしにおいしい。ただし、一定量を超えて食べると、想定外の結果が待っている。

イラブー汁
（NPO法人久高島振興会提供）

インガンダルマ（南大東村役場総務課提供）

食べた人の意思とは、全く無関係に、お尻から脂が漏れ出すという代物だ。よほど自制をきかせて、口に入れる量をセーブしないと、誰でも一晩中、トイレと大の仲良しになってしまう。この島への旅には、パンパースの用意を忘れないこと。

「そいつに奥歯で噛まれたら、即死してしまうぞ」

トカラ列島では、宿泊先で、エラブウナギと呼ばれるウミヘビ料理を供されることがある。普通は燻製にしたウミヘビを煮汁にして食べるもので、古代から強精強壮の効果で知られる。ただし、このウミヘビはコブラの一種で、きわめて毒性が強いという。精をつけたい気持ちはあっても、ちょっと尻込みしてしまう食材だ。

沖縄の久高島(くだかじま)などでも、エラブウミヘビをイラブーと呼び、滋養豊かな汁仕立てにして食す。かつては、琉球王国の宮廷料理だったそうだ。

毒ヘビといえば、奄美群島では、ハブをカバ焼きや、唐揚げにする。イメージはグロテスクだが、ウナギのカバ焼きと思って食べれば、美味だ。

薩摩硫黄島。茶褐色に染まった港内の海面［右］と野性のクジャク［左上］

鹿児島南方の薩摩硫黄島を初めて訪れた人は、驚く。活火山の鉄分を含んだ噴気と海水とが反応し合い、島の周辺や港内の海水が茶褐色に染まっているのだ。

しかし、その海中には、魚が泳いでいる。かつて、不用意な質問をして、漁師さんに叱られてしまった。

「こんな色をしている海で釣った魚でも、普通に食べられるんですか」

「アンタは、オレたちを馬鹿にしとんのか。当たり前に食えるよ」

ヤギ汁が好物になれば島通だ

島は、新鮮な魚介類や、採れたての野菜類が豊富。それらを、珍しい特産食材として郷土料理を工夫したり、自慢の伝統食品にしている。その島でしか口にできない食べ物に出会うと嬉しい。そう言えば、伊豆諸島の新島で、初めて味わった、昔ながらの芋焼酎と、クサヤの干物の強烈な香り（ニオイと言っては、失礼になる）に魅せられたのが、島旅の原点だった。

北の島では、礼文島の高級ウニ。東京の島々では、マグロやサワラなどを生醤油につけて、ワサビではなくカラシで握った島寿司。瀬戸内海では豊富な魚介類はもちろんだが、淡路島のタマネギや、小豆島のオリーブが名高い。

越智諸島の津島ではブランドもののフルーツを楽しめる。津島は、古くから殺生を嫌って、水産業には携わらなかったという。一般的に漁業を主産業にしている島としては、興味深い歴史がある。

山口県の祝島で食べられる、ニガリの代わりに海水で作る、かたい石豆腐は珍味。南西諸島では、与論島のドラゴンフルーツ、久米島の車エビ、宮古島の海ブドウといった具合。

島の食材には、申し分のないスグレものが多いが、普通の食材でも、伝統的な独特の調理で名物料理になっているものも少なくない。島人たちは、その土地の自然に合った料理を伝承してきたわけで、その中には、日本の食文化の原型もあるかもしれない。

「これはクセになるかも。黒糖酒を飲んだ後の締めに最高だ」

奄美大島で、初めて名物料理「鶏飯」を食べた時は、想像していたよりもはるかに美味しくて、思わず唸ってしまった。

「鶏飯」(「けいはん」という。とりめし、ではない)は、ご飯のうえに、ほ

奄美大島名物料理の鶏飯をいただく

パパイヤ

ぐしたトリ肉、シイタケ、パパイヤづけ、錦糸卵、刻みノリ、乾燥した柑橘類の皮をのせる。そこへ、トリ肉から時間をかけてとった、熱々のスープをかけて食べる。

スープには、隠し味として黒糖酒も入っているらしい。お茶漬けに似た食べ方だが、南国の風土を感じさせてくれる。「3杯に分けて食べるのが、正しい作法」だそうだ。

伊豆大島の「椿フォンデュ」。串に刺した海鮮類などを、この島名産の椿油で揚げてフォンデュ風に食べる名物料理。今なお火山活動が続く三原山を歩いて汗をかく。黒い山頂を眺めながら、露天の温泉を楽しんだあと、この料理を頂く。最高の味わい。

沖縄や奄美の島々で供されるのが、ヤギ汁。お祝い事の時などには、ヤギをつぶして、刺身や汁にして食べる。ぶつ切りのヤギ肉と骨を、その血で炒め煮して、ヨモギを添えたヤギ汁。

地元では、ハレの日のご馳走としてふるまわれるが、よそ者には、やや難度の高い料理かもしれない。これが好物になれば、一端(いっぱし)の島通の域は超える。立派な島人と呼べるだろう。私自身については、秘密だ。

伊豆大島の「椿フォンデュ」
（大島温泉ホテル提供）

伊豆大島·三原山を展望する
露天風呂

どこでも島酒が熱く迎えてくれる

島旅には、多彩な楽しみ方がある。でも、正直に言ってしまう。呑兵衛にとって最大級の楽しみは、島酒にほかならない。島が変われば、酒も変わり、渡った先々の土地で飲む地酒が、間違いなく一番旨い。

沖縄の島々は、主にタイ米を原料とする、泡盛。奄美群島は、サトウキビを原料にする、黒糖酒。北上して、大隅半島南方の種子島、屋久島では芋焼酎。

九州の西側に回れば、壱岐島の大麦を原料にした麦焼酎。壱岐島は、麦焼酎の発祥の地とされる。肥沃な米穀地帯だったが、米は年貢としてとられてしまったため、麦で酒を造った歴史が伝わる。

日本海に向かえば、隠岐島の米焼酎。最北端の利尻島、礼文島に達すれば、コンブの風味が豊かなコンブ酒。太平洋に戻ってくれば、伊豆諸島の芋焼酎が待っているという具合。

伊豆諸島の芋焼酎は、江戸時代に、薩摩から製造法が伝わってい

壱岐島の麦焼酎
（壱岐の蔵酒造株式会社提供）

伊豆諸島・青ヶ島の「あおちゅう」
（青ヶ島酒造合資会社提供）

る。諸島の南端に浮かぶ絶海の孤島、人口200人の青ヶ島（あおがしま）。ここで造られている焼酎が、「あおちゅう」。小さな島ゆえ生産量が限られており、ほとんどが島で飲まれてしまう。手に入りにくいため、「まぼろしの酒」とすら呼ばれている。

「あおちゅう」を仕込む水は雨水。原料の芋も、麹用の麦も酵母類も、すべて島内産。製造者は何人かいるが、同じブランドで共同出荷している。まさに、島酒だ。青ヶ島村は、最も人口の少ない離島自治体である。

どの地域の地酒も、それぞれに味わい深いが、個人的に気に入っているのは、黒糖焼酎。砂糖キビ畑を吹く風の野趣に富んだ力強い香りに、南国の情熱が漂う。この種類の酒は、本来は、税率の高いリキュール類だが、奄美群島のみに製造が許可されている。奄美群島では日本に復帰する前から造られていたため、特例的に焼酎として扱われているという。

しかも、嬉しいことに、黒糖を原料とした焼酎は、医学的に長寿を促進する可能性が高いとの指摘がある。確かに、奄美は、かつて世界一の長寿者を2人も生んだ、長寿の島として知られている。

ということで、黒糖酒を飲りながら、妻には、「オレは、酒というよりも、長生きの薬を飲んでいるようなもんだ」と、強気で言い張っている。妻は、「ほどほどに飲むならばね……」と、相手にしてくれないが。

奄美の黒糖焼酎
（奄美大島酒造株式会社提供）

島々の中には、ユニークな酒もある。北では、奥尻島が、わが国で初めての、島のワイナリーからワインを造っている。

日本海では、佐渡島に柿で造った柿酎、隠岐の島後（どうご）に米と海藻を合わせて造った海藻焼酎、瀬戸内海の淡路島には、タマネギ王国にふさわしく玉ネギ酒。

南の島では、慶良間の座間味島に山桃を使ったリキュール。小笠原には、欧米系の島民が伝えたサトウキビから造ったラム酒、といった具合。島旅をして、そこでしか手に入らない、珍しい酒を試すのも楽しい。

現在、屋久島では、ウイスキーの貯蔵、熟成が行われている。南の島でウイスキーを造るという挑戦的な取り組みであり、将来の可能性が期待される。

呑兵衛は人間だけではないのだ

長年にわたり、島酒を求めて歩き回ってきた。だから、酒にまつわる

淡路島の玉ねぎ焼酎（株式会社淡路酒販提供）

座間味島の山桃リキュール（105ストアー提供）

小笠原のラム酒（小笠原ラム・リキュール株式会社提供）

失敗の体験や、珍体験にはこと欠かない。自慢にはならないが。

「こんな美しい島に寄せてもらって、こんな美酒を頂戴し、こんな幸せはありません」

奄美群島の南端、与論島。座の全員が、起承転結の整った口上を述べながら、大杯に注がれた地元の黒糖酒「有泉（ゆうせん）」を、回し飲み続ける。

この昔からの伝統ある作法を「与論献奉（けんぽう）」と呼ぶ。与論島の「憲法」のようなもの。「有泉」は、サンゴ礁から湧き出る地下水で仕込む美酒。ただし、飲み方は、かなり激しい。

沖縄の宮古諸島にも、「オトーリ」と呼ぶ、泡盛の回し飲みの作法がある。一人ひとりが口上を述べては、一気に飲み干して、何回も次につないでいく。飲み回す順番には、ルールがある。農業関係者は、時計回りの「豊年まわり」、漁業関係者は、反時計回りの「大漁まわり」が基本。

与論献奉と、オトーリとは、回し飲みの作法は似ているが、酒の濃さが違う。オトーリに使う酒は6、7度だが、有泉は20度。これを、何回も一気飲みするわけだ。

40代半ばの頃、与論島で、噂には聞いていた有名なもてなし方の宴席を初めて体験。回し飲みが延々と続く。次第に、口上のろれつが回らなくなり、意識が薄れていく。精一杯に頑張ったが、結局は、前後不覚のマグロ状態。人生で初めて「三日酔い」に陥った。

最南端の有人島、波照間島では、驚きの実体験。南国の澄み切った青空の下、気持ちの良いオープン食堂。幻の泡盛とも呼ばれる「泡波」をロックで注文。何と、生ビール用の大ジョッキに、氷とともに並々と注がれて供される。「泡波」は仕込みに、若干の塩を含んでいる地下水を使うため、ほのかに塩の風味がする。甘い花の香りが漂う野外で、昼からダイナミックに銘酒を楽しむ。

ところが、である。周囲の景色に見とれて、何気なくジョッキをテーブルに置いた。その一瞬のスキに、「ウメエー、ウメエー」の鳴き声とともに、近くをうろついていたヤギに、酒を奪われてしまった。ヤギにも、呑兵衛がいるんだ。

「本当に、60度の酒が売られているとは思わなかった!!」

「どなん、と呼ばれている、この島の花酒だけだ」

最西端の有人島で、台湾と国境を接する、与那国島。昔から、「どなん」とも呼ばれる島。「どなん」とは「渡難」のこと。渡るのさえ困難な、最果ての地を意味する。国内で最も大きな蛾「ヨナグニサシ」や、最も小さい野生馬「ヨナグニウマ」が生息。

この絶海の孤島で造られている、アルコール度数の高い泡盛が「花酒」。「はなさき」と

波照間島の幻の泡盛「泡波」
(波照間酒造所提供)

与那国島の60度の泡盛「花酒」
(崎元酒造所提供)

読む。何とも魅惑的な呼称だ。日本の酒税制度では、出荷できる酒の度数は45度以下と定めている。ただ、1972（昭和47）年、日本に復帰した与那国島だけは、60度の泡盛が伝統酒だったという事情で、特例的に製造が認められた。酒税法のうえでは、スピリッツとなる。

さて、島内には、花酒の製造蔵が3軒ある。滞在していた日の朝から、3軒の蔵を順に見学し、何杯かずつを、楽しく試飲させていただいた。冷えた酒に割水を注ぐ。度数が高くて凍り切らずに、シャーベット状になった酒が、花吹雪のように溶けて散る。まさに、花酒。美しくも旨い。

60度の酒が、体中に染みる。いや、染みわたり過ぎる。午過ぎ、本土への帰路につくため、島の空港ターミナルへ向かった（らしい）。搭乗口で、膝から崩れ落ち、動けなくなる。気がついた時には、宮崎市の自宅の玄関の中。無事に、一人で帰れたはずがないのだが。記憶が消えた数時間。あまりの美酒に免じて、自分を許してはいるものの、大変な醜態。

島酒は地元で飲むのが一番

「所変われば、酒も料理も変わる。地酒や郷土に伝わる名物料理ほどに、島ごとの土地柄が滲み出るものはない」

本土と島の別なく、酒は地元料理の食材や、その地の調理の味付け、そして何よりも、気候風土にマッチするように造られてきたものだ。地元の諸々が、凝縮しているともいえる。

訪れた島で、独特の自然環境と雰囲気に浸りながら、その土地ならではの料理を肴に味わう地酒。旨くないはずがない。いつでも、地酒と風土との絶妙な相性が実感される。島の地酒を土産として本土に持ち帰って、飲む機会もある。ただ、島で口にした時ほどの感激はないものだ。やはり、地元で飲むのが、一番いい。

それにしても、昨今の大都会では、島の地酒や、珍しい特産品すら含めて、全国のものが容易に入手できる。東京の都心には、各地の島焼酎のラインナップを、驚くほどに揃えている小売店も存在する。どこの食べものでも、手軽に味わえる大都会の食生活は便利ではある。しかし、それが果たして良いことなのか、どうか。食べものや、酒には、本来、それを生み出した風土というものがあるはずだ。その風土を自分自身の肌で感じることなくしては、本来の味わいは得られない気もするが。

旅先で酒を飲むのは、呑兵衛の自分を満足させるだけではない。島人と酒を酌みかわすことは、その土地の住民と仲良くなるための、いわば潤滑油にもなってくれる。言い訳のように聞こえるかもしれないが、本当だ。

島人の多くは酒が強いし、酒が入ると、別人のように饒舌になる。島には何もない、生活は苦しい、過酷な歴史もあった、そうした趣旨の話が、問わず語りに続く。よく聞いていると、その語り口には、自分の生まれ育ち、生きてきた島への、強い愛着が滲んでいるのが普通だ。

酒が回るにつれて、なめらかな島口もタップリと聞ける。興味が尽きない。もっとも、次第に、ほとんど外国語のようにしか耳に入ってこなくなるかもしれない。

ただし、島の男衆の酒の強さは半端ではない。本土人としては、自分のペースを崩さないように注意した飲み方が肝要。失敗を重ねてきた者からのアドバイスである。実際には、毎度、郷に入りては郷に従え、になってしまい、後悔を繰り返す羽目になるが。

胡蝶

ハイビスカス

三、晴れの日も雨の日も

小笠原へは船に揺られて24時間

「島に遊びに行きたいけど、何に一番気をつけたらいいですか?」

「細かい注意事項は幾つもあるけれど、まずは、計画どおりにはならないことが少なくないと、覚悟しておくべきだ。島旅にはロマンはあるけど、かなりシンドイ経験をする時も、あると思っていた方がいい」

本来、旅とは、不確実なものとの出会いである。とりわけ、はるかかなたの海に浮かんでいる島に出掛けるとなると、不確実性が高い。それはそれで、旅の楽しみでもあるが、慣れないと本土内の一般的な観光地への旅行とは、いろいろと勝手が違う。

当たり前だが、何よりも、目的地へのアクセスが容易ではない。現

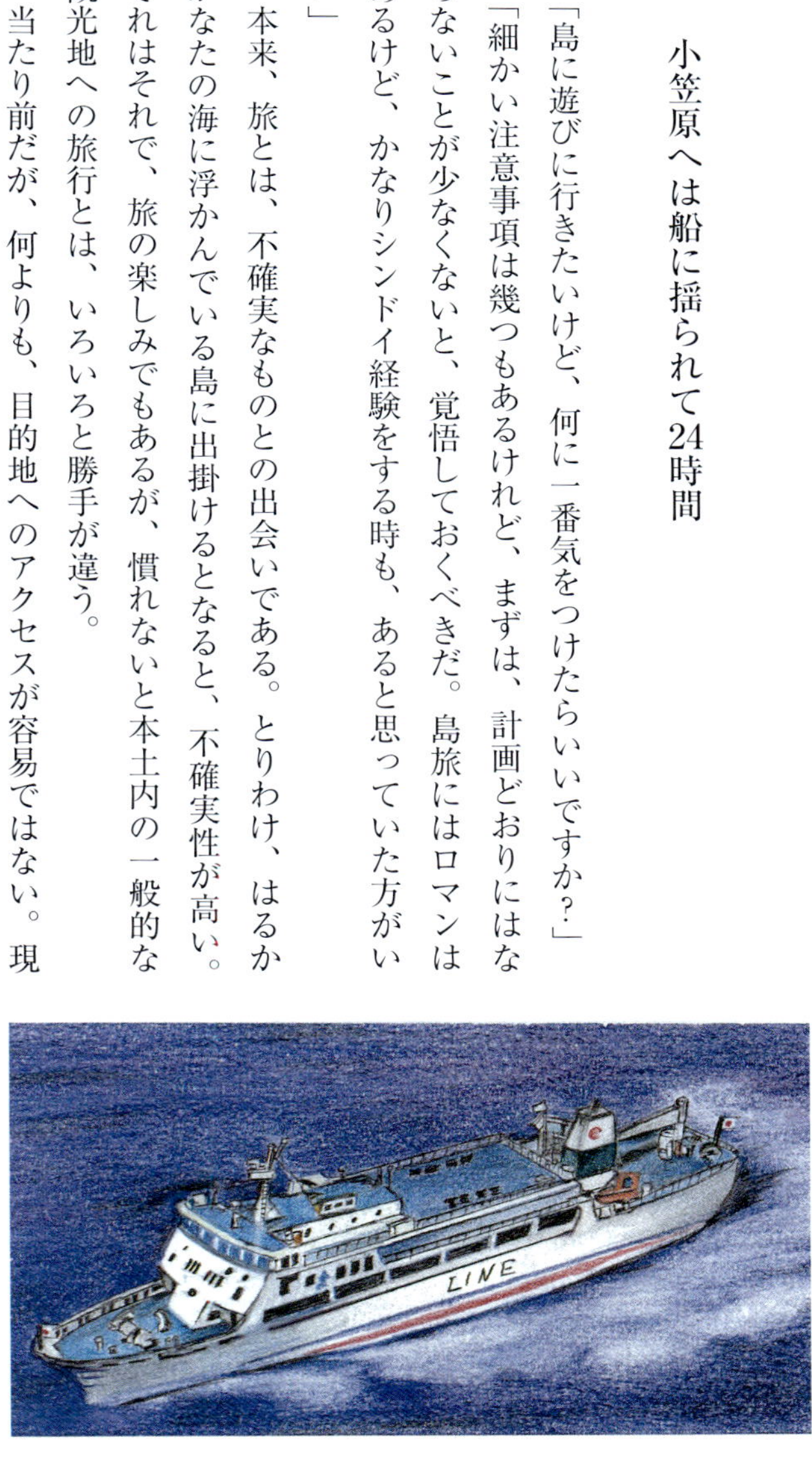

フェリー

地での移動の手段、宿の確保、食料をはじめ必要なモノの入手、天候に影響される度合い。いずれも、本土とは事情が大きく異なる。旅の常識が通用しない場合もある。

自分自身、常に、好奇心とともに、未知や不確かさへの不安感が、綯(な)い交ぜになった気持ちで、島旅を体験してきた。もちろん、不安感があればこそ、普通ではない旅心を与えてくれる要素にもなるわけだし、冒険心を増幅してくれたのだろう。

とはいえ、大の島好き人間を自認している自分でも、こんな苦労や不便さに耐えてまで、島旅を繰り返すのは馬鹿だなあ、と思う時もなくはない。

「小笠原は、れっきとした東京都だ。でも、渡るには、ヨーロッパまでの倍も時間がかかる」

まずもって、島は地図上で認識するよりも遠い。小笠原諸島の主島である父島には、飛行場がない。フェリーで東京の竹芝桟橋との間を往復するには、かなり速くなったとはいえ、48時間もかかる。ヨーロッパの主要都市との間を2往復するのと同じだ。しかも、唯

「おがさわら丸」出航の際の恒例の見送り

一の定期船「おがさわら丸」は、6日に一便のみしか運航していない。自然環境の保護を考慮すると、将来的にも、小笠原諸島に本格的な飛行場の建設は想定しがたい。

小笠原ほどではなくても、本土から遠隔に位置する島へ向かう連絡船は、便数も運航時刻も限られている。例えば、早朝に東京をスタートしても、当日中には到達できない島は少なくない。定期船の通っていない島へは、小船などをチャーターするしか手がない。だから、地図で示されている地理的な距離を、かなり上回るアクセスの時間と、費用が必要になる。

とくに、離島のそのまた離島のような島は、辿り着くまでが大仕事だ。小中学校がない小島では、子どもたちを近隣の島や、本土の学校へ通学させる、スクール・ボートだけが交通手段というケースもある。

通学用だから、週末や祝日には、運航しない。サラリーマンの身では、そうした日にしか、島へ渡れないのだが。われながら、銀行勤めにもかかわらず、よくぞ何百回もの島旅を重ねてきたものだと呆れている。

離島へ飛ぶ小型機

離島間を結ぶ小型の連絡船

気象庁との勝負は勝ちか負けか

「島での天気運は、これまでのところ、かろうじて8勝7敗か。いや、7勝8敗の負け越しかもしれない」

どこに旅行するにせよ、雨天では、楽しさが半減してしまうもの。とくに、島旅となると、本土内よりも、時々の天候に翻弄される度合いが強い。

そもそも、島の気象状況は、海洋の影響を強く受けるため、変わりやすい。狭いスポットだけに、天気予報の難度も高いはずだ。何日も前から、綿密に旅の計画を練り、諸準備をしっかりと整えておく。それなのに、出発の直前になって、海が時化て、予定していた船が欠航してしまう。そんな経験は茶飯事だ。自然には、勝てない。

悪天候をおして、何とか目的の島にまで辿り着けても、そこからが生やさしくはない。帰りの船が欠航になれば、何日も足止めを余儀なくされる。逆に、時化を避けて早めに帰り船に乗り込まなければならなくなり、苦労して上陸した島に、1時間も滞在できないようなケースもある。

「今日も雨降りか……。何で、天気予報は、こんなに外れるんだ」

せっかくの島旅で、終日どころか連日にわたって、雨に祟られるのは、まことに切ない。晴れと雨とでは、島の景色が別の世界になってしまう。雨に煙る島にも独特の風情があるなんていうのは、短時間の雨天ならばの話。長雨は辛い。島では、強い海風が吹くため、雨降りに、カサは役立たない。外を歩くわけにはいかず、宿で気象庁に悪態をつきながら、暗い空をにらみつけて過ごすだけ。

台風シーズンなどには、船が1週間ほど欠航になるケースも珍しくはない。いかに、島のスローな時間は癒しとはいえ、長い期間、動けずに閉じ込められるのは、辛い。

長年の記憶を振り返ると、天気との勝負は、とても「9勝6敗」には届いていないと思う。自身の不運を憾むしかない。

「この島とは、なぜ、こんなに縁が薄いのだろう。今回も旅が実現しない」

敵は悪天候だけではない。何回も旅程を計画して、十分に仕度も整えた。それなのに、なぜか、その都度、急用などが発生してしまい、計画を断念する島がある。

阿嘉島。長雨の離島に、ようやくフェリーが入港

不思議だが、特定の島にだけ、薄情にも運の悪さが続いて起きる。そうした「薄情な島」への想いは、フラれた異性に寄せる片想いと同じだ（フラれた経験はないので、想像だが）。運に負けて旅を諦めるたびに、一段と慕情がつのってしまい、その幻の島にますます恋い焦がれることになる。

ところが、ようやく念願がかなって、実際に恋する島に上陸を果たしてみると、どうか。多分は、自分の中で美化し過ぎていたせいだろう。激しく恋したほどの魅力には欠けてみえてしまう。そんな感じも、異性への片想いと似ているのかもしれない。

「船は、もう出ちゃったよ」

「そんな馬鹿な！　出航時刻より30分も前に、桟橋に来ているのに」

「早く船を出さないと、これから一気に時化てくるからよ」

思わず、のけぞってしまう。本土では信じられない事態も、島では当たり前のように起きる。

わが国の交通機関は、運行の正確さで有名。飛行機、列車、バスのいずれも、悪天候や渋滞のために、出発が遅れることはあっても、定刻前に出発してしまうケースは、まずあり得ない。しかし、島の定期船は、そうはいかない。

海が荒れ始めている時は、注意しないと、失敗する。定期船は、天候が本格的に悪化する前に、本土なり母島へ戻らなければならないため、予定時刻よりも1時間も早く出航してしまうことなどもあるのだ。

だから、島を去る日は、かなりナーバスにならざるを得ない。海面に、〝白いウサギ〟が跳びはねているようであれば、要注意。港から遠くには離れず、船の運航情報を、注意深く見守っていなければならない。

荒れる海を、定期船が出てしまえば、命綱が切れたのも、同然になる。少なくとも、1日や2日は足止めされるのが普通。

島旅は行きも帰りも体力頼み

船で荒波を越えていく旅では、船酔いに悩まされる人も少なくない。船酔いが嫌いなので、飛行便のない島には行かない主義の人すらいる。

鹿児島本土から、秘境トカラ列島に通う航路は、名だたる荒波の七島灘を越えていく。本土と奄美大島の間に広がる、この海域は、日本列島に達した黒潮が分岐して、北へと向かう位置にある。だから、潮の流れ

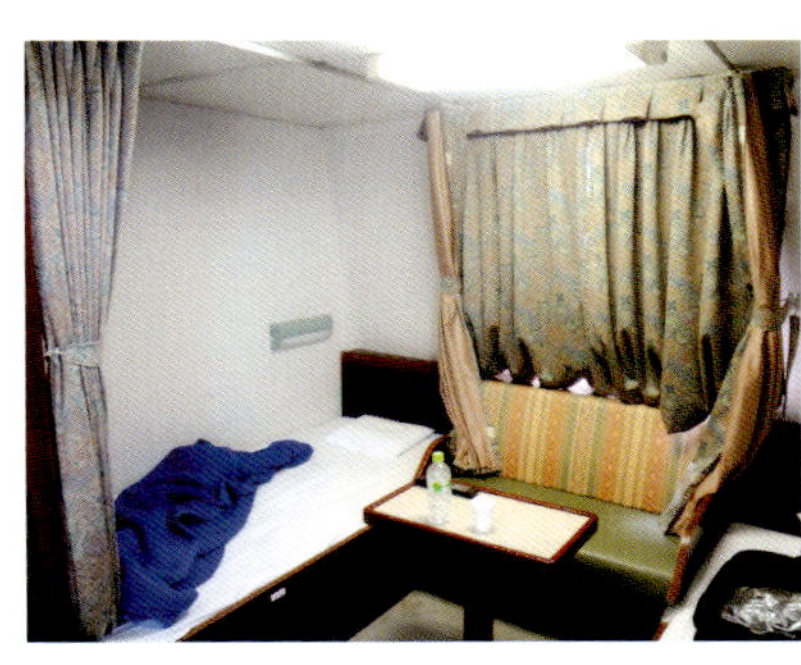

トカラ航路フェリーの個室

が複雑な、航海の難所。この航路での、辛い経験は忘れられない。

台風シーズンの9月のこと。村営フェリーは、深夜に、大雨の鹿児島港を出航。湾から大洋に進入した途端に、大時化の高波に激しくもまれ始める。

「こりゃ、この航海は結構きついな」

船員のつぶやきに不安が増す。ジェットコースターを想わせる大揺れ。半端ではない。乗客船の大半は、この海域に慣れているトカラの住民たちだが、誰もが船室で横になったまま、動かない。

船足は大幅に遅れ、トカラの島々を順に経由して、翌日の夕刻に奄美大島の名瀬港に接岸するまで、17時間に及ぶ苦行。船室の上下左右に激しくバウンドするベッドに伏せたまま、ひたすら耐える。

長い船旅では、甲板で青々とした海原と、幻想的な日の入りなどを眺めながら、一杯飲（や）るのを楽しみにしている。だから、いつも酒とツマミを忘れない。しかし、この時は、せっかくもち込んだ品々に、全く手が出ない。朝食も昼食も抜き。

フラフラ状態で上陸後も、1時間ほどは、水すら受けつけない。しばし、脱水と空腹を我慢。空（から）の胃が安定してから、恐る恐る口にしたのが、水ではなくて、缶ビール。呑兵衛が、何と2缶で、すっかり酩酊してしまった。

人口過疎の小さい島には、公共交通機関などは存在していない。レンタカーやバイクもほとんど利用できない。だから、自分の足での移動が原則。

隆起サンゴで誕生した比較的フラットな島はともかく、一般の島の道は起伏が激しい。上り坂も都市部よりも、はるかに険しい。平面な地図が予想させる距離よりも、歩くには体力が必要になる。時間もかかる。周回道路にしても、その距離感を誤ると、まずい事態に陥る。数少ない帰り船に、乗り遅れてしまいかねない。

ある島を一周する道を歩いた際、見込んでいたよりも距離が長い。途中の展望所で、一杯飲ってしまい、時間の感覚が低下していたのが原因かもしれない。最後は、息を切らせてダッシュ。ようやく、船着き場まで数百メートルの地点まで到達。その時、最終の定期船が、無情な汽笛を咽(むせ)ばせながら、港を出ていくではないか。夕日にキラめく航跡が、いやに美しく映る。ボー然と海を眺める。だが、すぐに現実が迫る。「明日の朝は、取締役会だ！」。周囲から、危機管理意識の欠如を批判される自分を想像して、途方にくれる。

すると、窮地を見かねた一人の漁師さんが、自分の小船で本土の港まで送ってくれたのだ。感謝感激。失礼ながら、せめてものお礼として、定期船の運賃程度を差し出すが、絶対に受けとってくれない。

「わざわざ島まで足を運んでくれた人を、船が落としていってしまったんだ。助けるのは、当たりめえだ」。

またも、胸に染みる島人の情を頂く。

女性連れの島旅は想定外のさらに外

「島では、ないものは、いくら探しても手に入らない」

「呑兵衛が酒を忘れたら、パニックだ」

小さな島を巡る時は、食事処はもとより、売店などを当てにしても無理。だから、登山者と同じで、相当量の食料などを背負っていくのを常にしている。とくに、必要分の飲料水の持参は不可欠。さらに、島で足止めを食うといった、不測の事態にも備えて、非常食をはじめとした必需品も加わる。かなりの嵩(かさ)になってしまう。

しかも、呑兵衛の自分だ。島での滞在日程が少々長引いても、平常心を保てるだけのアルコール類を忘れるわけにはいかない。

「こん島に、酒を売ってる店や自動販売機なんて、あるわけねえよ」

悪天候で何日も島から出られず、持参した酒が完全に切れてしまった、悲劇的な経験。

宿の酒も在庫払底のありさま。島にないものは、本土からの船が運んでくるまではない。いかに知恵を絞っても、事態を解決する手段は見出せない。ひたすら雲の動きを見上げながら、船の入港を待つのみ。その時の心細さは、今でも夢に出てくる。

当たり前だが、初めての土地を歩くには、地図の携帯が不可欠。しかし、島では、詳細な地図を入手できないケースも、稀ではない。

道に迷ってしまい、獣道などで立ち往生する事態もある。誰かに道を問おうにも、そもそも住民には、全く出会わない。もちろん、運よく地元の人に出会えば、恐縮するほど親切に道順を説明してくれる。ところが、しばしば言葉がよく分からない。とくに、高齢者の島口は、ラテン語を聞くようなもの。

沖縄県のある離島。地図なしで歩いているうちに、青空しか見えない、背の高いキビ畑に迷い込んでしまった。海中を彷徨（さまよ）うような気分。その時、救けてくれた人から、「道に迷ったら、電線を探して進め」と教えられた。確かに、空に見える電線を伝って歩けば、何かの人造物に至るはずだ。

島歩きの実情を知っているだけに、若い女性を連れての島旅など、夢想したことすらない。なぜなら、女性連れだと、いまひとつの旅につきものの苦労が切実。つまり、トイレ探しだ。

観光施設が乏しい普通の島では、港以外の場所に、公衆トイレの類は、ほとんど見当たらない。男の場合は、止むを得ず（もちろん、大いに恐縮しつつだが）、草むらに入り込み、オープンエアの「青空トイレ」を拝借する事態になる。幸い、通りかかる人もいない。心から、「よくぞ、男子に生まれてきた」、そう思う刹那だ。

だから、島旅はいつも一人で行く。もっとも、南西方面の幾つかの島では、青空トイレを使用する際に、細心の注意を払わなければならない。草むらに潜んでいるハブが怖い。人間の体温を感知すると、とびついてくるそうだ。

そうしたトイレ事情を考えると、初心者の女性は、最初は行き先を観光地になっている島に絞った方が、無難かもしれない。南の島の経験を積んで慣れている島女は、用のある時は、迷うことなく、サンゴの海を目指すらしいが。

何もない島の何気ない日常に価値がある

「この島は、消えてしまうわけではない。この時点で、無理してでも行くべきか、どうか」

島旅ならではの苦労は避けられないとしても、自分の足で一島でも多くを歩き回りたい。その意欲が萎えたことはない。

経営トップの立場を預かっていた時期は、些か微妙だったケースもある。いわゆる危機管理の意識から、遠隔の島を目指す心が揺れる場面も、なくはなかった。

それでも、物理的に許される限りは、一度目指した島行きを諦めはしなかった。むしろ、その頃に、人生で最も頻繁に島歩きを楽しんだかもしれない。

島が常に呼んでくれただけではない。経営トップは、プライベートライフに欲求不満を溜めてはならず、自分の時間を十分に楽しみ、心身をリフレッシュすることが大事。それがあってこそ、オンでの気力を精一杯に充実させて、組織を的確に舵取りできるはずと考えていたからだ。本音である。

求めるのは、島を実際に歩いている時の楽しさだけではない。旅に出る前の高揚感と、無事に帰宅した際の達成感。それらの記憶が、次の旅までの間、仕事への意欲を高める力になってくれる。

島の夕暮れ（徳之島）

最近の若者は、とかく内向的だとか、冒険心が乏しくなっているといわれる。確かに、昔は若者がもっと活動的だったし、無茶苦茶もしていたような印象がある。こうした述懐は、昔から常にみられる、「今の若いモンは」という、年長者の繰り言かもしれないが。

いずれにせよ、若い人には、島での何日かの体験を勧めたい。体力に自信のある人は、無人島で仲間とサバイバルを目指すような計画もどうか。無人島は、そもそも厳しい環境から、人が住めなかったり、住めなくなった土地である。サバイバルは楽ではない。その代わり、手つかずの自然が待っている。だから、若い力で挑戦する価値がある。

それほど頑張らなくてもいい人は、周囲には海しか見えない孤島に出掛けるのはどうか。絵画的な風景や、荒々しい景観の中で、島人の素朴で、懐かしさを感じる優しさに触れる旅も悪くない。

島の海辺で野鳥と一緒に昼食

とにかく、寸暇を惜しんで、背を丸めながらスマホばかり見つめている生活は、いかにも不健全だ。体の姿勢だけでなく、精神までが俯きかねない。たまには、スマホなど放り出してしまう、そんな気合と勇気をもってほしい。

俯かずに、前と上を見て、生き生きと歩こう。ルーティン化した日常性から、しばし離れて、別の世界の空気を吸ってみる。知ろうとしてこなかった、自然の驚異や、濃密な人間関係に触れてみる。島の白砂のビーチに寝転がって、青空を眺めて過ごすだけで、新たな感性が芽生えてくるかもしれない。新たな人生観や、世界観が湧いてくるかもしれない。

現代の都会生活者は、モノでもサービスでも、利便性やスピードばかりを求めがちになっている。実際に、必要なものは、金さえあれば、ほとんどが容易に手に入ってしまう。いわゆる飽食の時代の中で、求める何かを、探す努力を払ったうえで手に入れることの価値や喜びが分からなくなってはいないか。

小さな島には、コンビニやスーパーはもとより、普通の商店もない。現代人も、時には、求める品物やサービスが得られない所で、むしろ「不便さを楽しみ、自分なりの工夫を凝らす」スローな生活も必要ではないかと思う。想像もしていなかった、清々しい安らぎを覚えるかもしれない。新たな気づきが得られるかもしれない。

午下(ひる)がりのビーチ

人間は、たまに非日常性を体験してこそ、あらためて、日常に新たな意味と、意欲を見出せる。何もない島の、何げない日常の営みに、そのヒントが見つかるはずだ。

島の岩場

四の旅

島が伝えてきたもの

一、ニッポンの心と文化のルーツ

この国は島づくりからスタートした

「なぜ、島には古い日本が脈々と生き続けてこれたのか」
「島は、海洋によって外部から隔絶されて存在している。だから、古くからのものが、島の外に散逸してしまわずに残れた。そして、何よりも住人たちが、代々、先祖からの島文化を自分たちのものとして、大事に守り続けてきたからだ」

そもそも、昔の日本など知りもしないくせに、島には古代が残っているなどと言うのは、ナンセンスだ。そう思われるだろう。しかし、島を歩いてみれば、誰でもが、どこか古い時代を想像させるようなものに出会うはずだ。間違いなく、本土の都市よりも、日常の生活や文化のいろいろな面で、古いかたちが色濃く残っている。

島の中でのみ伝承されてきた文化や、仕きたりが今日まで存続している事実は、その間の長い時間の経過を考えると、驚かされる。そして、多くの島で歴史を物語る遺跡や、民俗芸能などの所産が豊富にみられる。時を超えて受け継がれてきた伝統工芸には、月並みな評価を許さないものがある。延々と語り継がれてきた、秘話や伝説などの数々には、島人の悲哀とロマンが満ちている。

まずは、国づくり。島国日本は、やはり、島からスタートしたようだ。淡路島の南に浮かぶ沼島（ぬしま）。ここが、古事記と日本書紀からなる、記紀神話の国生み伝説で語られている、「おのころ島」として有力とされている。国生み神話にピッタリな奇岩がみられる。

沖縄の離島にも、島建ての神話が残っている。琉球の創世神アマミキヨが降臨して、国づくりを始めたと伝わるのが、本島近くの久高島（くだかじま）。今日でも、神の島として名高く、島内の至る所に、よそ者の立ち入りが許されない聖地が点々としている。うっかり踏み込まないように、慎重に歩かなければならない。この島に渡る時は、念のためカメラも持参しないようにしている。

同じく沖縄の本部（もとぶ）半島沖の隆起サンゴ礁の島、古宇利島（こうりじま）を、沖縄の人類発祥の地とする説もある。古宇利の島名には、「海を越えた向こうの

国生み伝説の地･沼島
（沼島総合観光案内所提供）

久高島。島建ての神話が残る

地」の意味もあるようで、アダムとイブにも似たストーリーの神話が語り継がれている。なお、この古宇利島は近年、沖縄本島と橋でつながったため、訪れる本土の若者も多く、島にはカフェなども開店している。

神話的な故事は、島名や現存している古いモノにも数多く残っている。

大分県の大入島には、神武天皇が東征の途上で上陸。水を求めて、砂浜に折弓の尖を刺すと、水が湧いたと伝わる。今でも、海岸近くの小さな社の前で、井戸が涸れずに水をたたえている。その名も「神の井」。

瀬戸内海に、上蒲刈島という珍しい名の島が浮かぶ。ここに、男装して朝鮮出兵を指揮したといわれる神功皇后が立ち寄った際に、櫛を落としてしまった。人々が島内一面に生えていたガマを刈って、櫛を探したところから、蒲刈島と呼ばれると伝わる。

山口県の蓋井島の島名も、神功皇后が、おいしい水を飲み、その井戸に蓋をした故事に由来しているという。

平家の落ち武者の影がみえる

大入島の「神の井」
（佐伯市観光協会提供）

古宇利島のカフェ

「一体何だ。ここには、不思議な霊気が漂っている。真夏の白昼なのに、ゾクゾク寒気がしてくる」

西日本には、源平の戦いに敗れた平家の落人にまつわる、悲哀あふれる跡が広く残っている。鹿児島の南方洋上に位置する薩摩硫黄島。「鬼界ヶ島（きかいがしま）」の別称もある。活火山の硫黄岳が常に噴煙を上げている島での、筆者の実体験。

壇ノ浦の戦い（1185年）で源氏に敗れて、入水したとされる幼い安徳天皇が、実はこの地に逃れ住んだと伝わる。深い藪の中にある、天皇、皇后、重臣たちが眠る墓所に、一人で立ち寄った。竹林に囲まれた、昼なお暗い小道を進むと、コケむした小さな墓石が、ひっそりと並んでいる。南の島の明るさはない。まるで、源平の世にタイムスリップしたかのような気分に襲われる。

突然、静寂を破って、カラスの群れが不吉な鳴き声を放ちながら飛び立つ。どこに潜んでいたのか。気味が悪くなって引き返そうとすると、不思議なことに、通ってきたばかりの出口の方向が、一瞬分からなくなってしまった。四囲が濃い竹林におおわれていて、どこにも道が見えない。ゾクッとして、鳥肌が立ってくる。

平家の落ち武者が建てた安徳天皇の「黒木御所」は、今も島の小中学

薩摩硫黄島。
安徳帝墓所近くの熊野神社

校の脇にある。なお、しばしば混同されるが、太平洋戦争の激戦地となったのは、小笠原の硫黄島。字は同じだが、呼び方も違う、別の島。五島列島の嵯峨島は、平家の落人が、京都の「嵯峨野」を忍んだことに由来している島名らしい。

トカラ列島の最北端に位置する口之島では、海に面した絶壁に、タモトユリが純白の花を咲かせる。都から流れてきた落人が、着物の袂に入れてきたユリの球根を植えたものとされている。

平家の落人が流れ着いた南限の地は、奄美大島の海域とされている。瀬戸内からは、大変な距離だ。当時の船に乗り、命がけで奄美まで落ちのびた人たちの必死さがしのばれる。

もっとも、平家の落人だと名乗ってはいるが、本当の正体は海賊だったとみられる島も、幾つかなくはないそうだ。確かに、海賊よりも、平家の武者と名乗った方が、聞こえはいいはずだ。

島々には、源氏サイドの武者たちの影もみえる。天草の牧島や、横浦島辺りには、「与一ヶ浦」、「弁慶ヶ岳」といった、いかにも源氏にまつわる地名がある。

トカラ列島最北端の口之島

口之島の絶壁に咲くタモトユリ
（十島村立口之島小･中学校提供）

東の伊豆諸島には、強弓で名高い、源為朝が活躍した跡が保存されている。保元の乱（1156年）に敗れた為朝が、弓を再び引けないように、腕の筋を切られて流されたと伝わる。

「桃太郎が退治した鬼は、実は海賊だった」

島々に伝わる英雄たちの物語なども、今日的に解釈すると興味深い。

昔から子どもたちが聞かされてきた昔話が、香川県の女木島を舞台にした「桃太郎の鬼退治」。この島の別名は、「鬼ヶ島」と言い伝えられている。

鬼の住みかだったとされる「鬼ヶ島大洞窟」と呼ぶ巨大な洞窟があり、観光スポットになっているが、そこには明らかに人の手が入っている。キジ、サルとともに桃太郎の家来だった犬は、近くに位置する犬島の島民と考えられている。彼らは航海術に優れた船乗りとして知られており、近隣の海賊を退治する手助けをしたというわけだ。

女木島からフェリーで直ぐの男木島には、退治された鬼（海賊）が逃げ込んだとされる穴「ドイの穴」が残っている。

1500年頃に、沖縄の八重山諸島で活躍した英雄が「オヤケアカハチ」。八重山の主島である石垣島を拠点にしていた、実在の豪族である。重い年貢に苦しむ島民を解放する

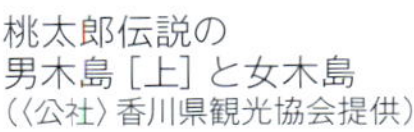

桃太郎伝説の
男木島［上］と女木島
（〈公社〉香川県観光協会提供）

ために、先頭に立って琉球王府の権力と闘った。「オヤケアカハチの乱」が、史実として残っている。

興味深いのは、この人物が、人並み外れた力持ちで、赤ら顔の大男と伝わることだ。八重山諸島の人々の容貌とは異なるイメージが否めない。琉球人ではなく、遠くから島に流れ着いた、異国人だったかもしれない。

南の島に仮面神ボゼが出っど

外部から隔絶された島の日常生活。昔は、どうであったろうか。毎日が孤立した小空間の中での同じ営みの繰り返しであり、そこには、変化とか娯楽は著しく乏しかったに違いない。当然、何らかの形で、住民の生活に、エンターテイメントや潤いを与える工夫が、強く求められたはずだ。

だからこそ、本土にも増して、それぞれの集落に固有の年中行事や、祭りなどが、大事なものとして行われた。そう考えるのが自然である。今に至るまで保存、伝承されてきた珍しい行事や、祭りが、それを物語っている。

住民は、待ち望んでいた祭事などの場に揃って集まり、祈り、唄い、踊り、笑い楽しむ。

島の共同体を一体化するために、欠かすことのできない、重要な仕掛けだったと思われる。いずれも、島の地域社会ごとに固有のものではあるとしても、この国の歴史をも刻み込んできたものといえる。

「太鼓の合図があったぞ、今からボゼが出っど」

最後の秘境と呼ばれるトカラ列島に属す、断崖絶壁に囲まれた、悪石島（あくせきじま）。島内の各所に神がまつられている、神の島。ここでは、毎年の旧盆に、仮面神の「ボゼ」が3体現れる。

ボゼは、赤土で塗られた怖気な仮面と、大きなビロウの葉の腰ミノをつけた恰好で、集落を歩き回る。そして、ボゼマラと呼ばれる男性器を形どった棒で、女性や子どもに泥を塗りつけたりする。無病息災や、豊穣を祈願するものである。

天から舞い降りてくるとされる来訪神のボゼは、学説的には、パプアニューギニア辺りに起源が求められるらしい。その異様な出立ちは、確かに南方の地域からの由来を想わせるに十分だ。ただ、この南方系の神が、なぜ

悪石島。港の防波堤に描かれたボゼ

悪石島のボゼ

トカラ列島の中でも、周囲が12キロしかない小さな悪石島にだけ伝わっているのかは、不思議だ。

沖縄の宮古島などにも、異様な出立ちの来訪神が伝わっている。「パーントゥ」と呼ばれ、ボゼと同じように、泥を塗ったツル草や、クバの葉を身につけて現れる。やはり、南方の由来に間違いない。

「おるかー、おるかー、障子を開けろー」

鹿児島本土の西側、東シナ海に浮かぶ、甑島（こしきじま）で、年末に行われる「トシドン」の祭り。これも、来訪神。

ソテツやシュロの葉と紙で作った衣装と、仮面をつけた青年たちが来訪神に扮して現れる。子どものいる家を訪れて、子どもたちの一年間の行いを戒めたりする。学術的には、遠く東北地方で続くナマハゲなどの民俗行事にも、影響を及ぼしているようだ。

「芝居が訛って、シバヤになったのか」

奄美の加計呂麻島で、今まで廃（すた）れることなく。旧暦9

薩摩硫黄島のメンドン

月9日に行われてきた、ユニークな村芝居が、諸鈍（しょどん）地区の「諸鈍シバヤ」。シバヤとは、シバの葉で造った小屋を意味するともいう。

源平の合戦に敗れた平家の落人が流れ着き、交流した集落の住民を楽しませるために始めたとされる。紙で作った、こっけいな表情の面をつけて舞い、笑いを誘う。国の無形民俗文化財に指定されている。

日本海では、隠岐の知夫里島（ちぶりじま）でも、室町時代の狂言小歌の流れをくむとみられる「皆一踊り」が、保存され踊り継がれている。

これら、島であればこそ長い時を越えて伝承されてきた、土着的な祭りや行事は、その土地の歴史のみならず、異文化との交流をも色濃く示している。大きな特徴は、その秘密性にある。とくに、八重山諸島など南西諸島の祭りには、秘祭とか、奇祭といわれるものが少なくない。話題づくりのための秘密性などでは、全くない。集落を外部から守るためのものである。今でも、祭りに参加できるのは、地域の住民だけに限られ、よそ者には厚いベールに包まれている。祭りの催される日時も場所も、一切が対外秘。

南西諸島の島々には、御嶽（うたき）と称される聖域が多く存在している。人が軽々しくは近づきにくい、霊気のようなものが漂っている場所が多い。よそ者が単なる観光気分で足を踏み

加計呂麻島の「諸鈍シバヤ」
（あまみ大島観光物産連盟提供）

入れることは許されない。写真撮影なども厳禁。最近では、若い人たちにパワースポットとしてみられているようだが、人々の信仰に関わることであり、地元の定めているルールや、タブーは絶対に守る必要がある。

ただ、古くから伝承されてきた、秘祭や芸能には、文化的、民俗学的な価値が、きわめて高いものが少なくない。観光上の関心とは別に、さらなる学術的な研究と評価が求められるのではないかと考える。島民の高齢化・人口減少が急ピッチで進行している。それだけに、伝統行事などが廃れたり、担い手不足から維持できなくなってしまう前に、アカデミックな保存対応の検討が急がれるところだ。

人と人が支え合って生きていく

祭事や民俗的行事の伝承とも関連して、いつも、島の仕きたりなどで感じさせられるのは、集落社会の人々が維持してきた、共同体意識の強さだ。

孤立した島には、外部からの影響が及びにくい。それゆえに、古くからのものが消滅せずに保たれてきた。しかし、それは同時に、外部からの支援も受けられなかった歴史を意味する。厳しい生活環境を余儀なくされた島で、生き抜いていくには、住民が支え合う、共同体の形を強固にせざるを得なかった。そこから、強い相互扶助の精神が根づいてきた。

共同体として生きる意識が、ベースにあってこそ可能だった、島固有の風習や、制度で、近年まで続いてきたものもある。そこには、日本人の、いわば島国に生きる民族としての心のルーツ、精神面の礎が潜んでいるようにも思われる。

「村の頭数が１００人を超えたらダメだ。子どもを増やすわけには、いけねえ」

昔、水や食料など生活資源の乏しい孤島では、一定の規模を超えた人口は、地域として支えられなかった。だから、人口の増加を抑制するには、島全体が、心ならずも厳格な掟を共有する必要があった。例えば、伊豆諸島の御蔵島（みくらじま）には、住民の頭数を厳しく制限するための、「隠居制度」が、昭和時代に入っても続いていた。この制度の下で、長男以外の子どもは、島に残る場合には、独身を強いられる。長男が結婚すると隠居、さらには三居と引っ越して、両親と生活を共にしたという。

共同体として、仲間の生活を助ける仕組みもあった。平戸諸島の大島（おおしま）と宇々島（ううじま）では、江

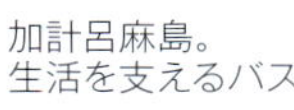
加計呂麻島。
生活を支えるバス

戸時代からの自助努力を図る制度が、昭和年代まで残ったという。これは、大島住民の中でも最も貧困に喘いでいる2家族を、無人島の宇々島に移住させる。そのうえで、2～3年の間は、税や賦役を一切免除して、生活を更生させようとするもの。

子どもの時から、島の生活において不可欠な、相互扶助の精神を教え込む仕組みもあった。志摩湾の答志島で、長く受け継がれてきた「寝屋子」と呼ばれる制度が名高い。15歳以上の男子が、集落内の同年齢の男子がいる他人の家（寝屋親）で、相当の期間にわたって共同生活をするという習慣である。部分的には、今でも続いているという。寝屋子同士、そして寝屋親と子とが、きわめて固い絆で結ばれるようになるのは、自然だ。

奄美の与論島には、伝統的に、本名とは別に幼名（＝ヤーナー）で呼び合う、与論名の風習があった。基本的には、島人同士が、お互いに絆を自然に強める趣旨であろう。

「子どもは地域の宝だ。みんなで育てるさ」

多くの島では、今でも、集落の子どもたちを、周囲の大人が自分の家族のようにして育てるという、ごく自然な常識がみられる。地域社会の人々が、お互いに家族のように、寄り添って生活しているわけだ。

近年、本土に住む若いカップルで、島へUターンや、Iターンして、子どもを育てながら、新たな生活を始める事例が少なくない。そうした若い夫婦が思い切って移住を決意する際に、大きな吸引力になるのは何か。優れた自然環境に加えて、島社会に根づいている、子育てに関する伝統的な相互扶助の精神に惹かれるからだとも聞いている。

わが国の現状をみると、人々が共に住む社会を自発的に支え合っていこうとする共同体意識が薄れている。とくに、都市部では、人と人との関係が一段と疎遠になっている気がする。少なくとも、自分の住む地域を共同体としてとらえ、自分をその一員として位置づける認識は、ほとんどない。そもそも、親子兄弟や、親族との関係においてすら、情愛とか絆の情が乏しくなってはいないか。現代は、それでも生きていける時代環境になっているとするならば、それまでである。

確かに、かつての自然発生的な相互扶助に代わる制度が、多様な形で整備された。社会制度としての、各種の保障も充実している。あるいは、島では当たり前のような濃密な人間関係にこだわっていたのでは、このドライな競争社会を生き抜いていけないのかもしれない。

しかし、今の世相は、人間社会のありさまとして、どうしても違和感を覚えてしまう。とくに、日々起きている、事件・事故や、諸々の芳しくない出来事を見聞きするにつけ、社会生活における人心の結びつきが緩み過ぎてしまったのも、背景のひとつにあるような感じが、否めない。

島という、狭くて結びつきの強固な社会においては、人は常に周囲の目に気を配らざるを得ない。もちろん、そうした生活環境にあって、時に人々は息苦しく感じることはあるはずだが、自然に自分の行動を律する側面をもっているのは間違いない。それが、孤立した運命共同体を守っていくうえで、暗黙のルールだったとも思われる。

現代の都市部の人々に、島と同じルールを求めるのは不可能だろう。ただ、島の地域社会に根づいている、古くから受け継がれてきた風習や文化の底流には、われわれ日本人の心や精神文化のルーツが息づいているはずだ。そうしたものを通じて、あらためて、この国の人の生き方の源流を辿ってみるのは、意義があると思われる。今を見つめ直す、良い機会になり、何かヒントが得られるのではないか。

オレは島の専門学会の会員だ

「島は、学者や研究者にとって、きわめて貴重な宝庫だ」

島が周囲を海に囲まれ、外部とは隔絶されてきた意味は深い。古くからの固有社会の事物が、あまり外部に散逸してしまわずに保たれてきた一方、外部からも、いたずらに影響を受けずにきた面がある。それは、動物や植物にとっても、固有種の保存を可能にする環境であった歴史を意味する。

それゆえに、島は、社会科学、自然科学を問わず、広い分野の学者や研究者にとって、特別に貴重な場となっている。しかも、それぞれの島が、ひとつの独立した小ワールドを形成しているため、複数の分野が相互に関連しあう、いわば学際的な研究を可能にする場ともいえる。

実証的な研究を試みる場合には、海洋に囲まれて独立した土地であるため、対象領域を容易に特定できる。規模的にも、研究の対象に応じて、適当な広さの島が幾つもあるから、格好の調査フィールドを提供してくれる。

「オレは、島で酒を飲んではブラブラしているだけじゃない。何を隠そう、島を研究する学会に所属しているんだ」

筆者を島好きの呑兵衛としか思っていない相手には（そのとおりではあるが）、時に、そんなタンカを切ってみる。

島を各種のアングルから研究する学者や、島を実証研究の場とする専門家などが中心になって構成する「日本島嶼（とうしょ）学会」という、公式の学会が活動している。

「島嶼学」とは、多くの一般人にとっては、聞き慣れない用語かとも思う。島に関する自然科学、社会、文化、環境など、あらゆる分野について、総合的に研究する学問と定義すれば、よいだろうか。

それにしても「島嶼」という漢字を読める人は少ない。ましてや、正確に書ける人には、まずお目にかからない。自分自身も、酔っている時には、書けない。「嶼」とは、小さい島々を意味する由（よし）だ。

実は、筆者も当学会の末席を汚している。もとより、アカデミックな実績も貢献も一切ないため、当然ながら、正会員にはなれない。準会員として、会籍を頂いているわけだ。学会の年次総会は、議論の余地なく、どこかの離島を会場にして開催される。銀行勤めの身には、何日間か離島に出向いての学会参加は、想定外であった。定期的に発行される、学会報のレベルは、非常に高い。しかも、論文の半分は英語。自分にとっては、まさに「豚に真珠」。要するに、典型的な名簿上だけの学会員というわけだ。

もっぱら島酒と癒しの一刻を求めて、島々を彷徨ってきただけなので、学会員などと称するのは、生意気だし、大いに気恥ずかしい。ただ、一般人やマスコミに対して、馴染みの薄い島嶼学会の存在や活動を、繰り返し、繰り返し宣伝してきたのは事実である。その長年にわたる功績（?）だけは、認めていただきたい。

二、流人哀話と悲恋の舞台

流人たちの絶叫が聞こえる

「これ、船に乗せていけ！　頼むから都へ帰してくれ」

鹿児島の南洋上に位置する、薩摩硫黄島。火山の白い噴煙と、急峻な絶壁が迫る。海面が赤茶色に染まった港近くに建つ、灰色の像。夕暮れの沖合に向かって、手を振り、必死の形相で絶叫している。

鬼気迫る姿は、僧都（そうず）・俊寛（しゅんかん）。平家の打倒をはかった罪により、1177（治承元）年、この島へ流された。一緒に流罪となった藤原成経（なりつね）らは、翌年の大赦で、京の都に帰されることになる。だが、俊寛だけが迎えの船に乗せてもらえず、取り残される。2年後、絶海の孤島で悲憤のうちに亡くなったと伝わる。

像は、一人残されてしまった俊寛の絶望感を、生々しく表している。今も、庵の跡に建てられた堂が、村人に守られている。

薩摩硫黄島。絶叫する俊寛像

「天皇も島に流された」

島で見聞きする秘話や伝説の中でも、島に流された人たちにまつわる話には、特別な悲哀感が漂う。本土から遠く離れ、自力では容易に脱出できない島。昔から、政治犯になった高貴な人物を含めて、幾多の流人が送り込まれた歴史が刻まれている。かつては、死刑に次ぐ、重い処分だったのであろう。

奈良時代から遠流(おんる)の地に定められた隠岐の中ノ島(なかのしま)には、１２２１年の承久の乱の後、後鳥羽上皇も配流された。佐渡島には、同じく承久の乱で敗れた、順徳天皇が流されている。

兵庫県の坊勢島(ぼうぜじま)には、9世紀末に覚円という比叡山の僧侶たちが流された歴史があり、島の名がついたと伝わる。

「いくさに敗れた者は哀れだ」

伊豆諸島の八丈島には、江戸時代に、約２０００人が流されたとの記録が残る。その第1号が、岡山城主・宇喜多秀家といわれる。秀家は、豊臣秀吉の朝鮮の役では総帥として功を挙げ、豊臣五大老の筆頭を務め

八丈島（一般社団法人八丈島観光協会提供）

隠岐·中ノ島にある後鳥羽上皇御火葬塚
（隠岐観光協会提供）

た大物。しかし、関ヶ原の戦い（1600〈慶長5〉年）に敗れ、1606年、34歳で八丈島に流された。

八丈島は、現在でこそ、東京都心から飛行機なら1時間足らずで行けるが、黒潮の流れが急なため、当時は島からの脱出は不可能に近かった。ちなみに、江戸時代の間に、抜け舟と呼ばれた脱島が18回企てられたものの、そのうち、1回しか成功しなかったといわれている。

ある冬の日の、雨がそぼ降る八丈島の夕刻、宇喜多秀家が眠る墓所に出向いた。南の島らしくない寒々とした薄暗い墓地の片隅に、ひっそりと建つ粗末な塔婆。人に訊かないと、墓の位置すらも分からない。大城主が、黒潮の洗う孤島にて、寂しく没するまでの半世紀。その長い年月を想うと、敗者の無念さが痛感された。

八丈島にある宇喜多秀家の墓所
（八丈町教育委員会）

「島に流された異国の女性が、白い十字架になっている」

島に流された者の中には、異国から来た女性もいた。よく知られているのが、徳川家康によって、伊豆諸島に流された「おたあジュリア」。

1592（文禄元）年、豊臣秀吉が朝鮮に出兵した。その際、参戦したキリシタン大名、小西行長が朝鮮貴族の幼女を連れ帰った。「おたあ」と名づけられた彼女は、ジュリアという洗礼名を与えられた。

小西家が、関ヶ原の戦いで没落したあと、ジュリアは家康付きとして、大奥に仕えることになる。大奥では、多くの女性たちを、キリスト教信仰に導いたとされる。

しかし、1612（慶長17）年に、キリスト教禁教令が発布され、改宗を求められたが、拒否。家康の側室への誘いも拒んだため、伊豆大島へ流刑となった。それでも、改宗はせず、伊豆諸島の中でも、さらに遠い新島、神津島（こうづしま）へ島替えとなり、1651（慶安4）年に没したと伝わる。

どの島でも、弱者や病人の保護など、島民生活の向上に尽くしたとされている。3回も遠島処分にされたのは、その都度、赦免と引き換えにした家康への恭順の求めを断り続けたからといわれる。今でも、神津島の海岸と集落を一望する景勝の丘に、白い十字架が建っている。

神津島。おたあジュリアの十字架

流人島は、どこかがほかの島とは異なる。生活様式や地元文化などに深みが漂っているようにも感じられる。もちろん、流人の多くは、一般的な意味での犯罪者であった。しかし、皇族や城主、高い地位にあった政治犯、あるいは教養と技術を身につけた人物も、多数含まれていた。

島によっては、流人たちは幽閉もされることもなく、自由な生活が許されたともいわれる。だから、一部の流人たちが持ち込んだ、知識、教養や、新田の開発、建築に関する技術などが、いろいろな形で、島人の生活向上に活かされたに違いない。

そうした流人の中でも、島への貢献で名高いのは、1827（文政10）年、殺人犯として八丈島へ流罪となった近藤富蔵（現在の北方領土一帯の探検で知られる、近藤重蔵の息子）である。彼は、在島60年の間に、島の研究書として貴重な『八丈実記』を著した。さらに、八丈島特有の石垣の構築や、後年の小学校の前身になる学舎を創設するなど、多大な文化的貢献をしている。

八丈島は、流人をきわめて温かく受け入れたようだ。だからこそ、「流人文化」と称すべき、高いレベルの文化や技術が島内に根づき、長く活かされてきたのだ。

流人たちが刑期を終えて、本土に戻れるようになると、島人たちは、地元の幸を料理した祝いの膳と島酒を用意した。「御赦免料理」と呼ばれ、今でも、この趣のある料理を味わえる食事処を見かける。

八丈島。流人文化が花開いた島

黒糖地獄の女奴隷が泣く

「ハレーイ　喜界や　おのでいぬ　十柱(とうばや)　むちゃ加那
青さぬり　はぎが　行(う)もろや　むちゃ加那」

奄美の喜界島(きかいじま)で歌い継がれてきた、島唄『ムチャ加那節』の一節である。美人ゆえに、悲惨な運命を辿った母娘に由来している。

奄美大島の隣に浮かぶ、加計呂麻島。薩摩藩に支配されていた時代の、奄美群島の過酷な制度として知られているのが、奴隷の身分。加計呂麻島の村で、その奴隷として働く百姓の娘ウラトミは、世にも稀といわれた美女。

藩から派遣された役人の一人が、彼女をアンゴ（いわゆる現地妻）に求める。当時の代官は、村で一番の美人を、現地妻にする習わしがあったらしい。ウラトミが拒否したため、役人は村中に重税を課すなど、陰湿な仕打ちに出る。悩んだ両親は、娘のウラトミを小舟に乗せ、「どうにか生き長らえてくれ」と、海に押し出した。幸い、小舟は隣の喜界島に流れ着く。やがて、島の男と夫婦になったウラトミは、ムチャカナと名づけた娘を産む。しばらくは、家族そろって貧しくとも、平和に暮らせた。

ところが、ムチャカナは母に劣らぬ美人に成長。島中の男たちが寄ってくることになり、嫉妬にかられた女衆が、ムチャカナを海に突き落としてしまう。両親は娘の亡き骸を山に埋め、卒塔婆代わりにガジュマルの木を植える。それが大樹になり、島唄にある「トゥバヤ（十柱）ガジュマル」と呼ばれた。母ウラトミは、悲しみのうちに崖から身を投げ、命を絶ってしまう。切ない話である。加計呂麻島の「ムチャ加那公園」には、この悲劇の歌碑が建てられている。

島々で長く語り継がれてきた、涙を誘うような女性の話は、挙げれば切りがない。それぞれに、女性を苦しめた時代背景などが、浮かんでくる。

なぜ、昔の島には、哀傷歌になるような、哀しい女性の秘話が多いのか。隔絶された、あるいは閉ざされた、島という狭い地域社会が、ひとつの背景として見逃せない。そこでの、あまりにも濃密な人間関係などが、一面で女性たちに耐えられないほどの息苦しさを、もたらしていた可能性がある。

それ以上に、現代では実感できないような、きわめて窮屈で抗し難

ムチャ加那公園の歌碑
（喜界島観光物産協会提供）

加計呂麻島の海

い支配構造の存在も指摘できるだろう。そして、何よりも、現代日本ではみられない、極端な貧しさや、生活の苦しさが、日々、島人たちに重くのしかかっていたのは間違いない。それぞれが、耐え難い悲しみを生む、下地になったものと思われる。

「黒糖地獄じゃ、奴隷の子も奴隷だ。前を向いて生きていく望みなんぞ、もてねえ」

ムチャカナ伝説の美女たちは、そもそも奄美の奴隷身分として生まれたのが、悲劇であった。奄美群島は、1609（慶長14）年、薩摩藩によって征服された。それ以降の藩の植民地政策の下で、サトウキビの栽培を強制され、厳しい年貢の取り立てに苦しめられていた。働けど働けど、過重な年貢の負担に喘ぎ、著しい窮乏生活を余儀なくされた、「黒糖地獄」とまで呼ばれた状況である。

異常に高い租税の負担に耐えられなくなれば、自然に格差社会が生まれてしまう。格差の拡大につれて、地主階級などに、自ら身売りしたり、娘たちが売られたりするのを通じて、ヤンチュ（家人）と称される、債務奴隷の階級が形成されていった。薩摩藩政の時代に、奄美群島でヤンチュの身分だった島民は、全人口の2～3割、集落によっては5割を占めたとされている。

一度でもヤンチュの身分になると、生きている間は、地主などに縛られてしまったようだ。ヤンチュの子どもも、ヤンチュとして、生きる希望のもてない奴隷身分から抜けられなかったという。
耐え難くも厳しい宿命の中から、幾多の悲劇が発生したわけだ。ヤンチュたちが、奴隷の身分から解放されたのは、明治時代になってからのこと。

「ハレーイ　如何(きゃ)しが愛(かな)しゃる縁(いん)
ぐゅば結(むし)で　ヤーレイー　暮らち暮らさらぬ時やい
鳥も通わぬ　島行きじ　暮らそい」
（こんなに情の深い縁を結んだ二人の仲が許されず、ここで暮らせないなら、鳥も通わない遠い島へ行って、二人で暮らそう）

過酷な隷属社会で起きた、むごい悲恋物語に「カンツメ」がある。奄美では、広く伝えられてきた哀話だ。この島唄は、今に歌い継がれる『カンツメ節』の一節である。
1800（寛政12）年頃、奄美大島の豪農の家で、カンツメという名の若い美人が、ヤンチュとして働いていた。豪農の主人が、彼女に片想いする。それが周囲に知られ、ヤンチュ仲間の羨望の的になったが、陰では、袖にされた主人をはじめ、周りから辛く当たられもする。

とくに、激しく嫉妬した主人の妻からは、凄惨な折檻を加えられる。妻の仕打ちは、ついには、恋人の青年とのデートだけが生き甲斐になっていたカンツメの、股間に焼き火箸をあてるに及ぶ。カンツメには、恋人と何度か過ごした山の小屋で、自殺をするしかなくなる。

むごい話だ。彼女の死後、豪農の主人をはじめ、関わった人たちが、相次いで、事故や病気で亡くなったという。『ムチャカナ節』や、『カンツメ節』が島で歌い継がれてきたのは、底流に奴隷制度への恨みもあったからだと思われる。

幻のユートピアを目指して旅発つ

「もう、この苦しさには耐えられない。島を捨てるしかない。命をかけて、南の楽園を目指そう！」

過酷な重税に苦しめられたのは、奄美群島だけではない。かつての南西諸島では、全域にわたり、琉球王府と薩摩藩による、悪名高い人頭税の取り立てが、極端な貧しさをもたらしていた。農民は働きづめの人生を余儀なくされていただけでなく、厳しい生活にまつわる、非人道的な話や跡が、幾つも残っている。

その時代の人頭税は、田畑の面積などとは無関係に、15歳から50歳の男女に対して、一人当たり一律で課税するものであった。この理不尽な人頭税の下で、貧しい集落では、住民の頭数を増やすわけにはいかない。そのため、住民同士で、心ならずも残酷な人減らしを行わざるを得なくなる。その痕跡が幾つも残っている。

例えば、妊婦を岩から岩へ跳び越えさせたと伝わる。その現場といわれる、割れた断崖などを見ると、何ともたまらない気持ちが胸を打つ。

『カンツメ節』に、「鳥も通わない遠くの島へ逃げ出そう」とある。生活の苦しさや、格差社会の中での理不尽な仕打ちなどから、逃れるためには、先祖の眠る生まれ故郷の島を捨てるしかなかった。島を捨てるとは、もちろん、この世を捨てるということだ。

生活の苦しさのあまり、集団で島を捨てた象徴的なストーリーがある。人の住む最南端の島、波照間島に伝わる、「パイパティ・ロウム」。

1648（慶安元）年、重い人頭税に耐えられなくなった島民40名が、年貢の取り立てにやってきた役人の船を奪う。その船に乗り込み、税吏の手が及ばない、幻のユートピア「南波照間島、パイパティ・ロウム」を目指して、一夜のうちに旅立ったと言い伝えられている。パイは南方、パティ・ロウムは波照間島を意味する。

もちろん、船が向かったのは、実在していない、南方の幻の楽園だ。重税地獄から脱出するには、ほかに手段がなく、集団自殺であったに違いないと考えられている。

同じような話が、西の最果て、与那国島にも残っている。「パイパティ・ロウム」に相当するユートピアの島を、「ハイドナン」と呼んだ。ハイが南、ドナンが与那国島を表す。ここでも、耐え難い重税から逃れるために、ある集落の住民たちが集団で、幻の楽園「ハイドナン」を目指して脱出したのだ。


「サトウキビの搾取こそが、明治維新を可能にしたようなものだ」


薩摩藩が中心的な役割を担って、わが国を先進国へ導いた明治維新。維新の達成を、財政的に支えたのは、何であったか。

少なくとも、部分的には、南の島のサトウキビの取り立てを通じた、膨大な収入であったのは間違いない。明治維新という大革命は、重税地獄に喘いだ、南西諸島の島民たちの、筆舌の及ばないような犠牲のもとに成り立った。そうとも言えるのではないか。

美しくも穏やかな南の島を歩きながら、キビ畑が風にそよぐ音を聞くと、どうしても、胸に迫るものを感じてしまう。犠牲になった、多くの島民たちの泣き声に聞こえるのだ。

島の落日

（番外）ああ、老いづくも男なり

さて、ちょっと息抜きしたい。番外として、わが一夜限りの片想い秘話（?）を告白する。奄美大島に陽炎（かげろう）のように寄り添って浮かんでいるので、加計呂麻島と名づけられた、とても美しい島。ムチャ加那の美人の母が生まれた土地。

10年ほど前のこと。奄美の原風景が残っているといわれる島内を散策していると、東京から訪れていた女性と出会う。偶然にも、同宿。しかも、客は二人だけ。美観で名高い加計呂麻島にも勝る、30代半ばの美女。半世紀にわたる島旅で出会った、一番の美形。

宿泊先の民宿で、タップリ飲んだ黒糖酒。新鮮な魚が旨い。話が弾む。酔った勢いを借りて、夜更けのビーチを一緒に散歩。南国の夜の満天の星。花の香りを運ぶ甘い風に、アダンの葉陰がそよぐ。最高の舞台が、還暦老人の、しなびた胸をも高鳴らす。

「ああ、年は取ったけど、気持ちはまだまだ男だった！」

だがしかし、あまりにも黒糖酒のありがたい力に頼り過ぎていた。いつの間にか、サンゴの砂浜で、一人寝込んでしまう体たらく。打ち寄せる小波に足先を濡らされて、目覚める。もちろん、傍には誰の姿もない。天空で、青白く輝く月が冷笑しているだけ。

しかも、翌朝、ひどい二日酔いと失望感が、大人の正常な判断力を狂わせていた。こともあろうに、東京の家族に電話して、美女との邂逅(かいこう)と、腑甲斐ない結末を白状してしまう。まさに、失敗の上塗り。その後、しばし続いた妻と娘からの厳しいバッシング。

南の島の、深くてロマンティックな夜は、年寄りをも制御不能にしてしまうのだ。

奄美で出会った美形に触れたついでに、面白い方言について一言。奄美大島の方言では、美人を「きょらむん（清ら者）」と呼ぶが、一方で、不美人を「ばしゃ山」と呼ぶ。「ばしゃ山」とは、高級な織り布である「芭蕉布」の原料繊維が採れるバショウの木々を植えている山のこと。なぜ、美人ではない女性を「ばしゃ山」と呼ぶのか。財産になるバショウの山を〝持参金〟として持たせないと、嫁にいかれなかったからだそうだ。

失われた情緒を取り戻そう

現代社会では、不倫のもつれ話などはともかくとして、悲恋の噂を耳にするといった機会は、ほとんどない。そもそも、悲恋などといった言葉自体が、いわば死語と化してしまった感もある。情にあふれた秘話が、密やかに語られることも少ない。今の日本は、いつの間にか、人の胸を打つような「物語」を失ってしまったのかもしれない。

もちろん、悲恋物語や、哀話そのものを、良しとするわけではない。ただ、現代の合理性を優先する時代環境の中で、われわれが古来受け継いできた、温かみや哀しみを素直に感じる、情緒性が乏しくなってしまったとしたら、残念だ。人々が、ウエットな感情を、共有しようとしなくなっているのではないか。その傾向が気になる。

最近の日本人全般にみられる、きわめてドライな考え方は、論理的ではあるかもしれない。しかし、生身の人の生き様として、ドライに過ぎるのは、どうなのだろうか。時代環境や、社会構造の変容が、その背景にあると思われるわけだが。

それでも、世の中の風潮が、あまりにギスギスし過ぎている、そんな印象は拭えない。とくに、都市社会の生活がそうだ。もちろん、社会構造の変容だけが原因ではないだろうが、このところ、何とも殺伐とした、荒(すさ)んだ事件や事故などを、日常的に見聞きするようになってしまった。こうした世の中で育った子どもが、成長した先が不安になる。

いま一度、日本人の本来のＤＮＡであるはずの、豊かな情緒性や、感動できる心を取り戻せないものか。もっと、情のある生き様を求められないものか、そう思われてならない。

島人と共に吸う空気には、なぜか懐かしいものを感じて、ホッとする。そこには、日本人のウエットな情が、なお残っているからだろうか。

三、島の女性は強い

逞しくないと生き抜けない

「ちょっと、ちょっと！　まさか、よそ者の男の前で、スッ裸になっちゃうの？」

「アンタ、そんなに逃げなくてもよかよ、アハハ」

屋久島の隣に浮かぶ、天然温泉が豊かに湧く島、口永良部島（くちのえらぶじま）。２０１５年に大噴火が発生。全島民が一時離島を余儀なくされたのは、記憶に新しい。

その何年か前に、この島を訪れた。地元が誇る秘湯「寝待（ねまち）温泉」に一人でつかっていた。そこへ、島の女性衆が何人か連れ立って来場。そもそも混浴とはいえ、あれよという間に、みなオールヌードに変身してしまうではないか。

口永良部島（左写真は共同温泉風呂）

目の前の大きなお尻に、温泉小屋の外に広がる東シナ海が隠れてしまう。アッケラカンと、健康的な逞しい裸をさらして、おしゃべりに夢中な女性たち。あわてて逃げ出したのは当方。

どこかは教えたくないが、岩場の露天風呂に、若い女性たちが普通につかりにくる島もある。年月をかけて島々を歩き回れば、見つかるはずだ。

昔から島で伝わってきた、女性にまつわる哀話などを幾つか紹介した。しかし、女性をか弱いなどと言っているわけでは、全くない。本当のところ、島の女性たちは、昔も今も実に逞しくて、力強い。一般的には、男性よりも働き者や、しっかり者といわれている。しかも、南の島へいくほど、その傾向が強い印象もある。

とにかく、男まさりの女性が多い。誤解を恐れずに言うと、男よりもしっかりしているから、ダンナなんかこわくない。島の男衆は、大酒呑みが少なくないが、酒席の盛り上がり状態が要警戒レベルに近づくと、強力にブレーキを踏み込むのは女性衆だ。もちろん、このレッドカードには、呑兵衛オヤジたちも素直に従う。わが家でも、同じようなものだが。

集落の運営マターなどでも、男だけでは、何かと意地や面子が邪魔をして、事が迅速に運びにくい。だから、結局は、女性衆が主導権を握ることになりがちだと聞く。

島の女性が逞しいのは、不思議ではない。かつての辛い水汲みの日課をはじめ、不便で貧しく、不安な生活環境。とりわけ、飲料水を確保することは、近代に至るまで、女性にとって毎日命がけの仕事だった島もある。

島の生業は漁業が普通だったから、男たちが海に出た間の留守は、女手で守らなければならない。それは、今でも変わらない。時には、荒々しい自然に体を張って向き合わなければならない。

そうした島の宿命の下での暮らしや、日々の現実が、おのずと女性を逞しく、力強くしてきたのであろう。強靭でなければ、生き抜いていけなかったのだ。

現に、昔から、いわゆる女傑や女丈夫といわれた女性、強固な信念を貫いて粘り強く大事を成し遂げた女性など、島の女性の強さを伝える話は少なくない。

女酋長が岩山から見守っている

「えらく大きな体つきの女性で、大変な怪力だったそうだ。外の敵から、よう島を守ってくれた」

昔の南西諸島では、巫女さんが司祭者として、男の立ち入れない聖域を支配していた。

そうした巫女のような存在で、島を統治し、女酋長として君臨した、一人の女丈夫。

古くからドナン（渡難）と称された、人の住む最西端の孤島、与那国島。その女性は、15世紀末のこの島に実在したとされている、「サンアイ・イソバ」だ。サンアイは地名、イソバが個人名。わが国の歴史で、酋長と呼ばれた女性は少ないのではないか。

この女性統治者は、村を弟たちに治めさせる。そして、自分は、島の中央部で直轄地にしていた集落（現在の祖納地区）の高台から、村の様子を監視していたと伝わっている。外敵が近寄らないように、巨大な草鞋を海に流し、島には巨人が住んでいるように見せかけたりしたそうだ。

１５００年に、琉球王府側の軍が島に侵攻した。その際、王府軍を撃退したのか、攻め滅ぼされたのかは、説が分かれている。

サンアイ・イソバがいつも座っていたとされる、ひっそりとした高台の岩場に登ってみた。確かに、樹木に囲まれた岩穴の前からは、眼下の集落と、青い沖合が一望できる。その岩山には、一年中涸（か）れない水が湧き出ており、どこか神秘的な雰囲気に包まれている。

サンアイ・イソバの高台
（ティンダバナ）
（与那国町観光協会提供）

「若狭は、この島から日本の歴史を変えた、大ヒロインだ」

１５４３年、鹿児島の南方、東シナ海と太平洋の間に浮かぶ種子島に、ポルトガル船が漂着。当時の島主だった、十四代種子島氏が、ポルトガル商人から鉄砲を譲り受け、刀鍛冶の八板金兵衛に、同じような鉄砲を製造するように命じた。学校で使う歴史のテキストにも、必ず登場する史実だ。

しかし、金兵衛がいくら苦心して工夫を重ねても、ネジの一部について技術的なハードルをクリアできない。主命の下で苦悩する父を見かねた娘の若狭。火縄銃を何とか造る力になれるならばと、意を決してポルトガル人の嫁になる。そして、親が苦しんでいた製造技術を聞き出すことができた。

まさに、わが国における鉄砲の国産化を可能にした、立役者といえる女性だ。さらに、若狭は西洋人と国際結婚した、最初の日本女性ではないかともいわれている。

島の玄関口である、西之表港を見下ろす丘に、若狭

種子島·若狭の碑（種子島観光協会提供）

種子島·ロケット公園（宇宙科学技術館）

の碑が建ち、近くの公園には、ポルトガルとの友好碑が見られる。

若狭が尽力した国産火縄銃の「種子島」からスタートした、鉄砲の急速な普及こそが、その後の国の歴史を大きく変換させる契機になった。その昔、初めての国産銃を製造した最先端の島が、今は、ロケット発射基地をもち、宇宙開発で最先端の島になっているのが面白い。種子島は、宇宙に一番近い島と呼ばれている。

昭和の島女性も力強かった

「おばあさんが、何と一人だけの力で、こんな灯台を築き上げたとは」

伊豆諸島の、海中温泉で名高い式根島（しきねじま）。島の北東部に位置する高台に建つ「高森灯台」。正面の海上には、新島が望める。

かつて、この付近の海域では、船の遭難事故が相次いで発生していたそうだ。そこで、航海の安全を願う一人の老女が立ち上がる。誰の援助も借りず、5年もの歳月をかけて、この灯台を建造したという。

1930（昭和5）年に完成。当時、75歳になる、宮川タンおば

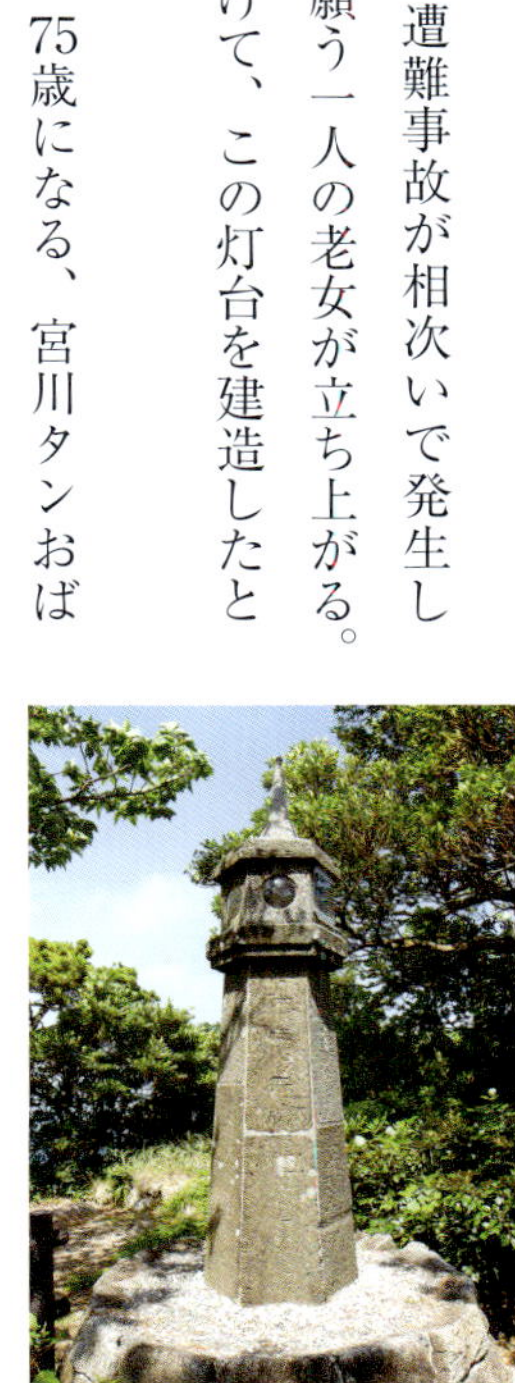
高森灯台（式根島観光協会提供）

あさんの大快挙だ。当時の平均寿命を考えると、75歳は相当な高齢だったはずだ。しかも、完成後は、彼女自身が灯台守を続けながら、毎日ランプをともしていたと伝わっている。

今でも高台にしっかりと建つ灯台を目指して、約200段の急な石段を登ってみた。辿り着くと、息が切れる。この崖の上の灯台建設が、高齢の女性ただ一人の手でなし遂げられた事業だとは、とても信じられなかった。式根島では、タンさんの想いを尊重して、現在でも毎夜、灯がともされている。

「ナッコは女親分だった！　まだ、その頃のことを覚えている。当時の島は、大変な景気だった」

沖縄の島々の年配者の間では、いまだに記憶に残っている一人の女傑がいる。

敗戦後の沖縄では、人々が日々の食料にも衣料にも、事欠く窮乏生活に苦しめられたのは、あらためて言うまでもない。しかし、一方で、占領軍の内部は当然として、隣国の台湾などにも、実は物資が豊富に存在していたに違いない。そうした状況となれば、いわゆる闇商売や、物々交換の形で、密貿易が台頭してくるのは、必然であったろうと考えられる。

米国の軍政下において、沖縄や、台湾まで110キロしか距離のない与那国島では、台湾や香港を相手にした、密貿易が大いに賑わった。信じられないほどの好景気に沸き、人口が急増した島もある。規制が強化されるまでの、数年間ではあったが、密貿易に伴うバブル的なブームは起きた。

それを仕切ったのが、大男たちを周囲に従えた、女親分のナツコ、本名は金城夏子という女性だった。密貿易の女王とも呼ばれたようだ。

その女性が活躍した頃の年齢は30代前半。とても親分と呼ばれるには似つかわしくないような、小柄な琉球美人だったという。戦後の動乱の時期を、力強く駆け抜けた一人の女性だが、30代の若さで、現世を去ってしまったと聞いている。

個々の名前は記されていなくとも、いろいろな意味で、島の歴史を刻んできた女性たちを忘れるべきではない。伊豆諸島などにあって、流人たちを受け入れ、その生活を守った、いわゆる「水汲み女」もそうだ。

本土から、わけがあって流されてきた男を、現地妻として支えながらも、正式に認められた妻の立場にはなれない島の女性。こうした女性の献身がなければ、島に流人文化が花開くことはなかったろう。彼女たちの運命は、いかに流人に尽くしても、正妻にはなれなかっただけではない。流人の夫が赦免されて本土に戻る際には、同行を許されなかったのだ。

かの西郷隆盛が奄美大島に流刑にされていた時代、島妻として尽くした愛加那はよく知られている。彼女も、西郷が鹿児島に戻るに当たり、連れ帰られることはなかった。流人だった夫が赦免されて、晴れて本土に帰ってしまう。場合によっては子どもと共に残された、島妻たちの悲嘆を想うと切ない。

今も女性衆が島を元気にする

「南の風が感じられる。サトウキビならではの香りがする」

現代でも、女性たちは島おこしや、地域の発展などに、力強さを発揮して頑張っている。沖縄のサトウキビからつくられた、40度のラム酒「コルコル」を味わった人は、口を揃えて言うそうだ。

沖縄の絶海の孤島、南大東島。毎年の台風情報を通じて、誰でもが聞き覚えのある島だろう。切り立った断崖に囲まれ、中央部は盆地状になっているため、島内からは海が見えない。だから、島の中央に立って眺めると、広大なサトウキビ畑が続く大陸かとも錯覚してしまう。

この島に本社を置く、ラム酒製造会社の社長は、那覇市に住む、金城祐子さん。そもそもは、民間企業で普通のOL生活を送っていた女性。ところが、南大東島産のサトウキビを原料にして、ラム酒をつくりたいと想い立ち、社内ベンチャー制度に応募。悪戦苦闘の末に、2004年、国内で初となる、沖縄産アグリコール・ラム酒の製造を実現してしまった。

さわやかな風がサトウキビ畑を吹き抜ける、秋の南大東島に出掛けた。コルコルの味見を楽しみに、旧飛行場のターミナルだった建物にある、ラム酒工場を訪問。

「宿からここまで、どうやって来たんですか」

「レンタサイクルで、キビ畑の脇の小道を走ってやってきたんだけど」

「それじゃあ、試飲はダメです」

実直そうな工場長に試飲を希望。しかし、工場長は「飲酒運転」になるからと、絶対に応じない。ほとんど車も走らない、島の小道を自転車で行ったばかりに。この真面目さだからこそ生み出せる、そんな清らかなラム酒だ。

南大東島·ラム酒製造所の玄関

「ちょっと、アンタ。どこばかりみてるんだよ」

能登半島の沖50キロに浮かぶ、舳倉島。海女の島として有名。無人だったが、５００年ほど前から、海女が漁を営むようになったといわれている。

かつての海女たちは、フンドシを締め、腰縄を命綱として巻きつけただけの裸体で潜っていた（現在は、ウエットスーツなどを着用）。その当時の写真を見た。胸をあらわにして、海中深く真っ直ぐに潜っていく姿は、絵画的ですらあった。もちろん、潜る都度、いわば命をかけて、アワビなどを採っている。

潜る深さも、半端ではない。相当の身体能力が必要なはずだが、80歳前後のベテランまでが、現役の海女として頑張っていると聞く。その間、男は何をしているのか。船の上で、海女が浮上してくる時に、命綱を引き上げるのが、男の役目。重要な仕事だが、要するに女性が主役で、男はアシスタントということ。

遠洋漁業を生業としている島では、男衆が航海に出ると、長い期間、留守になってしまうのが常態である。大分県の保戸島。遠洋マグロ漁で有名で、港を向いた小高い丘の斜面に、コンクリート造りの住宅が建ち並ぶ。経済的には豊かだが、男衆の留守は長期に及ぶ。留守中の島を守

保戸島

るため、女性消防隊が組織され、活躍している。その訓練ぶりは、男顔負けの力強さだ。多くの島では、漁業組合の女子部などを中心に、地元食材の特産品化や、ブランド化に取り組んでいる、オバさんたち（失礼）に出会う。誰もが、陽気で元気一杯な働き者だ。「こりゃ、ダンナたちは力負けしているだろうな」と、自分のことを棚に上げて、いつも想う。女性たちが、多くの場で頑張っているからこそ、島の地域社会も、経済も支えられているのだろう。

女性の活躍推進は島社会に学べ

昨今、女性の就労と、能力の発揮を後押しする必要性が各分野で盛んに喧伝され、政治的にも、重要な国策として捉えられている。

産業構造や、就業形態の変容などにつれて、人材の多様化が求められるようになっているが、それだけではない。人口の減少、とりわけ生産年齢人口の急激な減少に伴い、労働力不足が一気に表面化している。そのため、女性の潜在的な能力をもっと活用すべきだという気運が、一段と高まっているからである。実際に、国が旗を振るだけでなく、どの自治体レベルでも、地域経済の活性化策の一環という形で、女性の社会進出を促そうとしている。

ただ、地域経済活性化の一環として、精神論を掲げてみても意味はない。今どき、女性が働くことにネガティブな向きは、ほとんどあり得ない。問題は、女性の就労促進の段階を超えて、その潜在的能力を現実に活用できるチャンスをどう広げるかにある。

そのために、まずは、働きたい、活躍したいと希望する全ての女性が、それぞれの能力を十分に発揮できる場と、能力向上を可能にする機会を与えられる制度を、どう整えていくかが課題になる。それと同時に、女性が働く意欲を不断に高められるような、社会文化をつくり上げていく必要がある。

まだ、多くの組織や企業においては、女性を、いわば別枠として捉える認識が根強いのではないか。また、女性サイドにも、本気でアクセルを全開にして頑張るというだけの覚悟と気力が、十分ではない人が少なくない気がする。

島の社会では、女性が働き、能力いっぱいに活躍するのは、とうの昔から当たり前のことだった。今になっての、人口減少対策などではない。老若男女を問わず、動ける全ての住民が働き、助け合わなければならないのが、昔からの島の生活だ。女性も、男性並み、あるいは、多くの場合は男性以上に働かなければ、生きていけない。

本土社会でも、いまだに部分的には残っている、「女性は……」といった精神文化や、別枠管理的な制度面の歪みなどを見直したり、払拭すれば、女性はもっと活躍できる。もっと、働くことへの意欲を高められる。もちろん、女性自身としても、本気で社会的に活躍していこうとするならば、十分な覚悟と、相当な努力が求められるのは、言うまでもない。

「女性だから……」といった発想、意識は、社会としても、女性の立場でも過去のものにしなければならない。島で生き抜く女性たちには、働くことに対し、しっかりとした覚悟が見受けられる。

ただし、女性には、母性としての固有の側面をもっていることは、社会全体も、個々の職場も、常に意識しなければならない。仕事の内容や、生活環境によっては、出産と育児との両立が容易ではないだろう。だからこそ、保育施設の拡充や、フレキシブルな就労時間の設計など、必要とされる制度的な対応策の整備が議論され、進められつつあるわけだ。

それでも、事の性格上、対応策には限界がある。人口流入が引き続いている大都市圏では、ハードルがむしろ高くなっている感も否めない。女性が出産と育児の時期になると、その就業率が低下してしまう、いわゆるM字カーブ現象が、なお明確に発生しているのが現実である。

島には、昔も今も、「子どもは宝。集落の大人たちが力を合わせて育てるのが、当たり前。年寄りは、みな子どものオジイ、オバアだ」という、相互扶助の精神が強固に存在している。そして、実践されている。

現に、南西諸島などでの出生率は、全国的にみて高い。女性が、就労と、出産・子育てを両立できているわけだ。都市部と島とでは、就労形態が違うものの、示唆するところがあるのではないか。

島の夕暮れ（来島海峡大橋）

五の旅
島ちゃび

一、海に囲まれ狭くて遠い

島は老人を元気にするか

「島のお年寄りは、どこでも、皆さんお元気ですよね」

「なに言っているのか！　島で暮らしている老人だから元気なんじゃねえ。島じゃ、元気な老人しか生き残っていけないんだ」

島人との会話で、しばしば交わされる言葉だ。

本土の単なる島好き人間の視点のみで見るならば、島々は、安心して息つきのできる、平和で魅力的な空間である。お年寄りや女性、子どもたちも元気だ。空気や食べものが新鮮だからかもしれない。都会のようなストレスもないだろうし、などと思っている。

そして、国家の立場からは、島は数々の国益上の重要性を担っている陸地だ。繰り返し述べてきたように、国の主権の維持、経済的な利権の確保、国土の管理などの面で、絶対になくてはならない存在である。

しかし、島で現実に生きていくとなると、どうか。昔も今も、その生活の内実は、厳しい環境を強いられている、と言わねばならない。とりわけ、一昔前までの島人の生活は、現代社会の感覚では想像しにくいほどに、不便で、苦難に満ちていた。何よりも、飲料水の確保をはじめとして、基本的な生活の基盤が、著しく欠けていた。今風に言うならば、ライフラインのインフラ面が、きわめて脆弱だった。

経済的な厳しさについては、言うまでもない。しかも、島によっては、しばしば過酷な自然との、命がけの対峙を迫られていた。だからこそ、老人や女性、さらには幼い子どもまでが、与えられた役割に、力の限り励む生活が当たり前だった。生き抜いていくには、老人は元気な体力を維持し、女性は逞しくなければならなかったわけだ。

幸い、今日では、かつての島人の生活苦は、様々な面で格段に改善されている。ライフラインの確保の面でも、少なくとも本土の地方圏との格差は、かなり縮まったといえる。それでもなお、国全体の今日的な社会環境や、生活レベルの中でみると、どうだろう。島の地域社会は、引き続き、なかなか解決への道筋が描けない、数々の課題を抱えている。それが、実態だ。

昔と比べれば、大きく改善してはいるが、わが国の今日的な生活環境としてみると、全国との格差という観点では、どうかということである。とりわけ、本土から距離のある小さな離島が直面している、構造的に困難な状況には、容易でないものがある。観光面でブランド力があるなどの、格別の経済資源にも恵まれていない遠い離島が、とくに厳しい。住民からは、「置き去りにされてしまった」といった、嘆きの声も聞かれる。

若い島民がどんどん減っていく

「あっという間に、集落の人が減ってしまってなあ」

「先に希望がもてなきゃ、若いモンが島を離れていくのは当たり前さ。島には愛着があるし、できれば残りたい。でも、仕事がなけりゃ、どうにもならねえ」

近年における、最大の悩みは、言うまでもなく、島外流出による人口の減少と、高齢化の進行、その結果としての、急速な過疎化である。

もちろん、少子高齢化と過疎化の進行は、本土にも共通している。現象的には、大きな違いはないかもしれないが、島では、そのテンポが激しいのだ。とくに、生産年齢人口が、激減の一途を辿っている。働き手が減れば、必然的に、地域社会の衰退を招いてしまう。

島の過疎化が加速度的に進展している背後には、数々の悩ましい事情が指摘される。

まずもって、島の内部には、十分な就業の機会が得られない。一方で、雇用の受け皿や、経済活動の場を生み出そうにも、それを支える人材、産業の担い手となる若い人の確保が難しい。それらが悪循環になる形で、地域社会を苦しめている。

若い人が島に残れない現状は深刻だ。ちなみに、中学卒業生の3分の1、高校卒業生の9割が、島を出ていってしまうといわれている。

雇用機会が乏しいこともあって、住民の所得水準は、常に全国平均との間で、きわめて大きな格差が生じている。しかも、多くの生活必需品を島外から移入せざるを得ないなどの事情から、物価水準は高い。とくに、耐久消費財の値段は、本土よりも、はるかに高い。

当然ながら、財政的に自主財源の割合は、きわめて小さく、地方交付税などの依存財源に頼らざるを得ない。島の自治体としては、至急の対応を要する諸課題を十分に承知しながらも、やりたいことが財力面の制約からままならない。島内経済の実情からすると、苦しい財政状況を改善するのは、この先も難しいと思われる。

離島の安心・安全な生活を支えるために不可欠な医療関係や、交通体系なども、昔に比べてかなり改善してはいるものの、とても十分な整備にはほど遠い。そうした基本的な生活基盤の不備や不安が、住民、とりわけ若い人たちにとっては辛いはずだ。

近年、へき地医療の面では、医師の巡回制度や、常駐看護師制度の導入など、各種の取り組みが進められている。それでも、日常的な安心感が得られるには、遠い状況にある。

とくに、産婦人科医と、救急医療体制の確保が、引き続き困難である。例えば、現在、多くの島では、分娩施設が存在せず、出産は島外の病院などに依存せざるを得ない。また、救急搬送体制の整備が急がれているが、どうしても物理的に容易ではない。

「自衛隊のヘリが運んでくれる病人は、手当てすれば生きる可能性が高い者だけさ」

最近、母親を亡くしたばかりの島人が、吐き捨てるようにつぶやいた。命に関わる面での不安感が常に拭えないのは、まことに悩ましい。

島には、就業の場だけではなく、若い人を満足させるエンターテイメントなどの、日常の刺激も乏しい。そうした生活条件の下で、若手の後継者や、花嫁を得ることは慢性的に難しくなる。青壮年層の人たちが減ってしまうわけで、集落の社会的な活動が、どうしても低下せざるを得ない。

青壮年層の流出は、子どもの減少につながる。子どもの数が減少すれば、自然に学校の統廃合が進んでしまう。そもそも、離島のほとんどでは、島内に中学校までしか設けられていないのが普通である。

子どもたちは、15歳で中学を卒業すると、島外の学校へ通わなければならない。「15の春」と呼ぶが、子どもにとっての、精神的な負担は軽くない。もちろん、子どもを島外の学校に通わせる親にとっては、精神的な面だけでなく、経済的な負担も重いはずだ。しかも、15の春に島外へ送り出した子どもたちのほとんどは、結局は帰ってこない。子どもたちを、ふるさとの島に再び戻せるだけの仕事が少ないのだ。

近年は、就学人口の急速な減少を受けて、小中併設学校すら、廃校や統合を余儀なくされるケースが増えている。本来、学校は島の共同体社会にとって、一体化を強固に維持するための、中核的な存在である。小中学校の運動会は、全島民が参加する、地域を挙げての一大イベントであり、島を出て暮らしている人たちも、この時は帰省してくる。

そうした地域住民の拠り所である、学校が消滅すると、島の社会自体が劣化することになる。「学校がのうなると、島の灯も消えてしまう」というのが、島人の切実な声である。

いまひとつ重要なのが、命の綱でもある船便の不安定な運航。天候次第で、欠航してしまったり、船が接岸できずに、次の目的地へ行ってしまう〝抜港〟が、日常的に避け難い。相手が自然である限り、対応策には、どうしても限界のあるのが現実である。慣れてはいても、船の欠航が続くと、島が最も孤立感を深める時になる。直ちに、食料にも事欠く状況を迎えてしまう。

さらに、近年の問題は、天候による船便運航の不安定さだけではない。離島の人口減少は、当然ながら、輸送人員の減少につながっている。それに、燃料価格の不安定な市況などが加わり、離島航路の維持そのものが脅かされる事態も生じ始めている。

わが島の村役場は本土にある

南の島では、離島であるがゆえの、どうしようもない生活の苦しさや、悲しみを、昔から「島ちゃび」と呼んできた。解消のしようがない、島生活の悲哀である。

もちろん、離島は、日本列島の東西南北に広く点在しているわけだから、島人の苦労にも、それぞれ固有の事情や、程度の差がある。生活に決定的に影響する、周囲の自然環境だけでも、島ごとに随分違っている。

当然、「島ちゃび」の実情は、島人の受け止め方も含めて、島によって大きく異なってくる。ただ、島が抱えている困難さの、最も根本にあるものは、同じだと言わざるを得ない。それは、本来的に島に共通している、三つの宿命的な生活条件に起因する。

第一には、島は本土との距離などに、程度の差こそあれ、海洋に囲まれて孤立しているわけである。したがって、交通体系の整備には、官民ともに、どう頑張っても限界があること。悪天候による定期船の欠航などが、まさにその典型だ。この、海上に孤立している生活条件を、「環

渡嘉敷島の旧役場前

海性」という。

もちろん、これまで、交通体系の改善には、可能な限り相当の努力が払われてきている。例えば、以前は、大きな船舶が接岸できない島では、本船と島の桟橋の間を人とモノを運ぶのに、艀（はしけ）を使わざるを得なかった。不便なだけでなく、天候次第では、危険を伴う船作業であった。

そうした有人島への艀による通船形態は、1990年までに、全島で解消されている。基本的に、大型船舶でも、島の港に接岸できるようになったわけで、ほかの多島国の状況に比べれば、さすがに進んでいる。

それでも、向き合う相手は自然であり、きわめて手強い。伊豆諸島の南端、青ヶ島や、沖縄の南北大東島に上陸するのは、今でも容易ではない。人もモノも檻に入れてから、クレーンで吊り上げて、陸に下ろす。船自体も、クレーンで上げ下げしている。周囲が切り上がった断崖絶壁という、地形の険しさのため、船を接岸させる桟橋の建設が不可能だからだ。

秘境トカラ列島の、キャップテン・キッドの財宝で知られる宝島など、七つの有人島から構成されている十島村（としまむら）。南北が160キロにわたる、日本一長い村だが、この村の役場は島の内部にはない。何と、遠く離れた、鹿児島市内に置かれている。

南大東島の港で、人とモノを
吊り上げるクレーン

平家物語で知られる薩摩硫黄島など、有人3島からなる三島村の村役場も島にはない。十島村と同じように、鹿児島市内にある。いずれの村も、同じ村内の島と島をつなぐ定期船の運航が不安定だし、便数も少ないという実態から、やむを得ない体制だ。

両村の10島のうち、本土に一番近い竹島(たけしま)からでも、自分たちの役場がある鹿児島市まで船で3時間、最も遠い宝島では、13時間もかかる。

やむを得ないとしても、自分の住む自治体の役場が、遠い本土に置かれているのは、利便性の点は言うまでもなく、島民感情として切ないに違いない。

三つの宿命が解きほぐせない

第二の宿命として、住民が生きていく場である、日常の生活空間や、地域社会が、文字どおりの意味で狭い。このことも、様々な面で辛さを生む。「狭小性」という。

耕作や、経済活動などに適した土地が狭いといった、物理的な面も含むが、そうしたことだけではない。集落の誰もが、お互いの生活ぶりや、個人の属性情報を知り合っているわけで、基本的なプライバシーが維持しにくい。こうした極端に狭い社会で生活していくことは、人によっては、相当な精神的負担になるはずだ。

いまひとつは、本土の文化、文明、あるいは諸制度や、基盤などの中心から、遠く離れていること。この現実を、「隔絶性」という。いかに情報化社会が発展しても、根本的なところで、国の中心部との距離を縮めるのは不可能である。

これら、「環海性」、「狭小性」、「隔絶性」の三つが、どの離島にも共通している、宿命的な生活条件だとされている。離島である限りは、いかに努力しても、物理的に解きほぐし難い性格のものである。

しかも、近年は、わが国全体で進んでいる、様々な社会構造と、経済構造の変容が、島にも容赦なく押し寄せている。それが、「島ちゃび」を、従来とは違った要素も加わって、深刻なものにしているかもしれない。

三つの宿命的な制約が解きほぐせない性格のものである以上、「島ちゃび」を完全に解消するのは、不可能であろう。雇用の場の確保、日常生活を支えるライフラインや交通手段の整備、生活の不安を和らげる医療や福祉面の拡充、子どもを手元に置ける教育機関の維持など、諸課題の根本的な解決は容易ではない。

島の住民は、どうしても島なればこその苦労から解放されない。それでも、われわれは、少しずつであっても、島人の苦労を和らげる努力を継続していかなければならない。

仮に、「島ちゃび」が一段と深刻さを増していったら、どうなるか。何よりも、この先、住民の流出がさらに加速し、無人島や、無人に近い島が増えてしまう事態が懸念される。ちなみに、この十数年間で、約10島もが、無人化している現実があるのだ。

島は、いったん人が去ってしまうと、生活を営める土地としては、直ちに劣化が始まってしまう。無人になってから、さして年月の経っていない島を訪れてみると、自然の脅威が分かる。道路が荒れ、廃屋が崩れ、耕作地や学校の跡地が竹林や森になってしまう、そのスピードには驚かされる。

物理的な劣化が、一気に進むだけではない。人が存在しなくなれば、貴重な伝統や、長く伝承してきた風俗、祭事、地元料理なども、時を置かずに絶えてしまう。過去の実例をみても、有人島への再生は、きわめて難しい。失われた財産は取り戻せない。

そして、何よりも懸念されるのは、国境周辺の島が無人になってしまうことである。その事態がもたらす、国家レベルでの深刻さは、先に触れたとおりだ。

島の苦悩は国の明日を先取りしている

「本土のモンに、島の何が分かるんだ。知ったような顔をするなよ」

島の抱えている課題を口にすると、地元の人は、そう言うだろう。そのとおり、本土の人間には、島の生活者のハンディキャップや、苦しみの実態は、肌感覚としては分かりようがない。頭では理解しているつもりになっているとしても、限界があるのは、仕方がない。

実際に暮らしていない以上、島の住民の、本当の苦悩を実感できるはずがない。単に島好きを自認しているに過ぎない、いわば旅人の理解や、事実認識は、浅薄なものだろう。だから、ここでは、幾つかの明らかな課題を列挙するに止めておくのが適当だ。生半可なコメントは避けたい。

ただ、島社会の過疎化が急速に進んでいるだけに、島人たちが、「島ちゃび」と闘っていく、気概や気力そのものを失ってしまわないか、その点が懸念される。可能な限り、本土人としても、持続可能な島社会について、問題認識を共有していくことは、大事だと考える。

あらためて強調するまでもなく、わが国全体として、少子高齢化や、過疎化、地域間格差の拡大といった、時代を転換させる現象が進行している。この流れは、国のありさまを大きく変えてしまうはずだ。その全国に共通してみられる事態が、社会的な縮図ともいえる離島においては、一足早く、かつ一層先鋭な形で、顕在化している可能性がある。

実際、島の人口減と高齢化の現状は、国全体の20年先をいっているとの指摘もみられる。

今日的な「島ちゃび」といえる苦悩や、課題の多くは、日本の社会全体が向かっている明日を、先取りしている。少なくとも、わが国が全体として直面するはずの課題を示唆している可能性が強い。そう認識して、間違いないのではないか。

だからこそ、「島ちゃび」についての理解は、国の将来課題への対応を考える道筋にも通じるはずだ。

二、誰も通らない新しい道路

国は「島ちゃび」軽減に努めてきた

「島々のかけがえのない自然は、変わらないでほしい」
「日本の原風景を、いつまでも残しておいてほしい」
「あまり観光地化したり、俗化してほしくない」

島好きの人たちは、そう願いがちだし、自分も同感だ。でも、それは島を麗しい別世界と見なしたり、日常では得られない安らぎを求められる場にしておきたいという、本土の人間の勝手な願望ともいえる。

同じ国民が、現実に日々の生活を営み、人生を歩んでいる島に、ロマンだけを求めるのは、やはり許されないであろう。もちろん、島ならではの良さや、固有の魅力、そして長く伝承されてきた有形、無形の国の宝は、これからも絶対に守っていってほしい。そのために、「島ちゃび」を、どう軽減し得るのかだ。

それは、島に住む人々のためだけではない。離島苦を少しでも和らげることは、この国全体に関わる重要な課題だ。その認識を、広く国民が共有すべきである。

本土から遠く離れた島に、われわれの同胞が定住して、社会的にも、経済的にも、日常生活を送っている。それが、わが領土を、しっかりと守っていることを意味する。とりわけ、地政学的な要素を含めて、微妙な国境の島の維持は、とても重い意義をもっている。島の維持は、現に居住している島民の、安全で安定した生活が保障されていてこそ、成り立つものだ。

国としても、かなり早い時期から、島の振興開発への取り組みを、国家的な重要課題に位置づけてきている。これまで、各種の「離島振興開発法」などが、繰り返し施行され、ハードとソフトの両面で、本土との格差縮小に向けた施策が推進されてきた。相当の額に上る、財政資金も投入されてきている。

結果として、インフラの面や、基本的な社会資本を整備するうえで、それなりの成果が上がっているのは、事実である。何十年か前に旅した島を再訪してみると、生活の利便性の向上など、その間の変容ぶりが、よく分かる。

少なくとも、目に見える限りにおいては、各種のインフラ面は、かなり整備され、改善されている。今日、水やエネルギーの確保をはじめ、日常の生活に不可欠なライフラインについて、引き続き絶望的な状態に放置されている島は、ほとんどないのではないかとも思う。海水の淡水化施設や、上下水道の整備なども、かなりのテンポで進んだ。

近年における、ＩＴ環境の発展も、本土との距離感をかなり短縮する効果があったかもしれない。情報基盤を十分に整えれば、島の負っている宿命的な生活条件のうち、少なくとも、「遠隔性」については、一定程度の緩和が期待できるはずだ。新たな就業機会の確保にも、つながるかもしれない。

それでも、現状、多くの島々の経済的な自立や、生活基盤の安心、安定化へ向けた道は、なお厳しいと言わざるを得ない。島の地域社会が、衰退していく流れには、引き続き歯止めがかからない。本土を上回るペースで、過疎化が進んでいるように、衰退がむしろ加速している。かなりの政策努力が払われてきたにもかかわらずだ。なぜなのか。

その公共事業は本当に必要か

「まだ3カ月以上も先の日程だけど、一人一泊の予約はできませんか」

「もう、その頃も予約がいっぱいよ。最近は、半年くらい前には、予約を入れてくれないと、無理よ……」

予約の電話を入れた、民宿のオカミさんが申し訳なさそうな声で断る。観光をアピールしているような島でもない。そもそも、宿が少ない島とはいえ、何カ月も前から宿泊の予約が取りにくい。とくに、一部の小さな島に出掛けようとすると、予約を入れるのが難しい。なぜならば、数少ない民宿などが、島外から仕事にきている、公共工事関係者の連泊で、長期にわたって満杯の状況になっているからだ。観光シーズンでも、島によっては、限られた数しかない宿泊先が手当てできないため、観光客の姿が少ない印象がある。

インフラを使う住民の数よりも、そのインフラを整備するために、島に働きにきている人の数の方が多く見受けられる時すらもある。

言うまでもなく、しっかりとしたインフラづくりは、望ましい。それを否定するものでは、全くない。住民の生活基盤を整え、本土との格差を縮めるために不可欠な公共事業であれば、観光客の受け入れより優先させても、少しも構わない。現実に行われている工事の大部分は、そういう位置づけのものだと思いたい。

ただ、これまで実施されてきた、離島の開発策、振興策を、冷静に振り返ってみると、果たしてどうだろう。誤解を恐れずに言う。日常生活のうえで、なくてはならない土木や、施設面の整備を超えて、様々な公共建設事業に偏重してきたきらいはなかっただろうか。言葉を換えれば、ソフトよりもハードが優先されてきていないか。ハードとソフト両面のバランスのとれた改善が、的確、かつ体系的に図られてきたであろうか。

現実に、せっかく国の資金を投じて、ハード面の改善を図っても、地元の力では、十分な活用や、事後的なメンテナンス管理が必ずしも容易ではないものもある。土地の改良事業計画に沿って造成した農地が、何年か後には、森林に戻ってしまっているようなケースもみられる。耕作地の造成、拡大は必要だが、その後の営農や保全も含めたソフト面の支援を欠いては、役に立たない。

「もう、新しい公共工事のネタがなくなってしまってな。道の曲がり角のカーブを、ゆるくする工事をやってるんだ」

そう、島人が苦笑する。確かに、港湾や道路、トンネルなどの本来的な土木工事に加えて、必要不可欠な土木工事が一巡した後も、何とか仕事をつくり出そうとしているような印象をもたざるを得ない、公共工事も見受けられる。そうした事業が、作業に就く地元住民の、いわば日銭を生み出す以上に、一体どの程度の意義があるのか。大いに疑問なしとしない。同じ金を、ソフト面の改善に幾らでも使えるはずだが。

人口がすっかり減ってしまった島に、新たに舗装された立派な周回道路は、誰が何を目指しているのか。通る人も、車も、まばらなのが実態なのに。

橋が人と文化を流出させてしまう

「橋が架かったんで、最初は安心したし、嬉しかった。でも、今になってみると、実際には、あまりいいことがないよ」

「橋ができてから、便利にはなったけど、島の良さがなくなってしまった」

本土との間に、あるいは母島や主島との間に、橋を架ける事業が、きわめて積極的に進められてきた。２０１５年、沖縄の伊良部（いらぶ）島と宮古島をつなぐ「伊良部大橋」が開通した。東シナ海にまたがる橋の全長は、実に３５４０メートルにも及ぶ。無料で通行できる橋としては、わが国で最長を誇る。

この何十年か、伊良部大橋ほど長大ではなくとも、相当長い橋が幾つも構築されてきた。橋で本土などとつながれば、離島にとって最大の悩みである、交通の問題が、かなりの程度は解消する。緊急医療をはじめ、住民の安心と安全が高まる。人、モノの往来が活発になり、仕事も増えるかもしれない。とにかく、生活の改善に向けて、大いに意味がある。

沖縄･来間島と宮古島を結ぶ美しい橋

立地条件や、潜在的な観光資源によっては、島外からの観光客の誘致も期待できる。これまで埋もれていた、島の価値や、魅力が日の目をみるかもしれない。架橋の恩恵は、幅広く期待できるはずだ。

ところが、実際は、皆が必ずしも手放しで喜んでいるわけでも、恩恵を受けているわけでもない。架橋に伴い、島の住民、とくに若い層の人たちにとっては、外部に経済活動の場を求めやすくなる。仕事だけではなく、買い物や娯楽など、全てについて、島の外に目が向く。島外での就学も難しくなくなる。

そうした結果として、何が起きるか。いろいろなケースがあるが、地元の産業を活性化させる必要が減じてしまうなど、むしろ島内経済の衰退を加速し、集落の活力を低下させている事例もみられる。

期待していた観光の面でも、いいことばかりでなく、問題が出てきがちだ。足の便が改善したのにつれて、日帰りの入り込み客が急増するため、経済効果はあまり生まれない。従来から観光地として知られていた島では、宿泊客数が落ち込み、観光収入が逆に減少する場合もある。橋を渡ってくる観光客の増加は、暮らしを支えてきた、固有の文化の流出や、自然環境の悪化などにつながるのが実態だ。トータルでは、むしろ負の結果をもたらしかねない。

せっかくの架橋が、単に人とモノの往来を容易にするのみでは、本来の意義が薄れる。橋を梃子にして、島にあるものを再発見し、探し出したものに新たな価値をつけていく工夫こそが、不可欠だと思う。

それぞれの島に固有の事情がある

離島の格差是正のために、良かれと考えて、巨額の資金と人を投入して取り組んできたはずの開発計画や、各種の振興策だ。それが、部分的にせよ、期待に反したり、見込んだ効果に届かない結果になってしまったのでは、切ない。

令和の時代を迎え、これまでに実現した成果と、指摘されている問題点を、専門家と島の住民を交えて、あらためて検証する時期にきているのではないか。そのうえで、必要ならば、振興政策の在り方と、方向性を基本的に見直すべきだ。

そもそも、本土の発想で、本土では一般的なハードとソフトの構造をもち込めば、ただちに島の暮らしが改善するというわけにはいかない。島々は、それぞれに固有の生活条件の下に置かれているのだ。離島に共通した、三つの宿命にしても、その度合いの差は大きい。地域社会の歴史的な経緯や、受け継いできた文化も異なっている。

だから、国が一律的な視点でもって、開発振興策を組むのは、逆効果を招来しかねず、適当ではない。少なくとも、効果的ではない。本土の一律的な発想で取り組むと、どうしてもハードを中心とした公共事業に偏ってしまいがちだ。今後は、島ごとの固有事情と、独自性、主体性に、今少し考慮を払った、きめ細かい対策が求められる。

公共投資に基づく観光関連の施設建設などにしても、その島が守ってきた固有の風土や、伝承してきた文化を、あらためて活用していく観点を、より強く打ち出せればと思う。

まずは、基本的な出発点において、公共事業を主軸とした発想から、一歩脱却する必要があろう。もちろん、この先とも、さらなる生活基盤面でのハード的整備は、継続していかなければならない。個々の必要性と期待される効果に、より細かい吟味を加えながらではあるが。

今後は、何よりも、島の最大の悩みである、住民の急激な減少にブレーキをかけ、住民が生活を続けていけるような、諸方策の検討が肝要だ。新たな無人島を生まないようにするのは、当然として、住民の流出を少しでもペースダウンしたい。

島人の定住の確保に、従来よりも重点を明確に置いて、ハード面とのバランスをとりつつ、ソフト面の拡充策に注力することこそが、求められる方向性であろう。「安心・安全な離島生活の実現」が、基本コンセプトになる。

生活基盤をどうコンパクトに維持するか

人口の急速な減少は、国全体の問題である。数年前、人々の間に衝撃が走った。全国の自治体の半分に相当する、900近い市町村が、2040年までには消滅してしまう可能性を示す報告書が公表されたからだ。

もはや、人口の減少は止めようがない。ましてや、半端でない生活条件を抱えた島においては、かなりの工夫をしても、定住の促進は容易ではない。そうであれば、人口の減少を前提として、将来計画を描いていくしかない。

具体的には、住民が減っても、島内の集落を消滅状態にしてしまわずに、一定の安心・安全を保った、地域社会を維持していく。そのためには、どう発想を転換するかが課題になる。少なくとも、面積や人口などが、ある程度の規模をもつ島については、人口減少、過疎化へ対応していく道筋は、本土の地方圏社会が目指すべき方向性と、同じであろう。

今後の高齢化、過疎化が一段と進行する中で起きるのは、何か。まずは、日常の生活を支える基盤である、公共施設の老朽化も加わって、地域の行政サービスが、限界に至ってしまうはずだ。あらゆる面で、効率的な経済活動の維持や、地に足のついた地域社会の運営が困難になっていく推移を辿ることは、不可避だ。

難しい課題に直面したら、歴史に学ぶのが、ひとつの良策といわれる。過去を振り返ってみると、人口減少の下での生活基盤の維持についても、明らかなヒントがある。

太平洋戦争後に発生した人口増加、とくに都市部における、爆発的な人口の急増に対して、日本社会は、どう対応したか。戦後の経緯を辿ると、膨れ上がった居住区域と、日常生活や社会活動を支える諸機能を、都市の中心部から、外へ外へと拡散させてきた。一言でいえば、住民と生活基盤（とくに、人口の急増した都市部）の、周辺部への拡大・拡散で対応したと、考えられる。

だから、逆に過疎化が進む局面では、地域の構造を元の状態に戻していくという考え方が、解決の基本的な方向性になるはずだ。商業、医療、教育、娯楽、行政など、社会生活に不可欠な機能を、それぞれの地方圏の中核的な市街地の中心部に集約する。それに近接した圏内に、人々の居住する区域も集約する。効率的で、安心・安全な生活基盤を、コンパクトな形で確保する構造である。いわゆる、コンパクトシティ化とも呼ばれる発想に近い考え方かもしれない。

もちろん、生活圏の集約化は、一方で周辺部の切り捨てにつながってしまう。政治的には、きわめて難しい社会改造になるであろうことは、承知している。しかし、高齢化、過疎化の進行スピードを考慮すると、官民に与えられる時間は少ない。

島においても、行政機関や医療機関の置かれている、中核的な集落の中心部に、今は分散している生活に不可欠な諸機能を集める必要がある。中心部への集約化を通じて、高齢者の割合が高い小規模人口の社会でも、一定の行政サービスと諸機能の供給が可能な日常生活と、就労を含めて、効率的な経済活動を維持できるように工夫する。きわめて強力な政治的指導力と、相当の年月が不可欠であり、自治体のレベルだけではなく、国の総力を挙げた取り組みが求められよう。

もっとも、小規模な島では、これまでも、そうしたコンパクトな社会構造になっていたともいえる。そうでなければ、コミュニティーを形成してこられなかった。したがって、さらなる集落間の集約が可能なのか、どうか。真剣な議論が急を要していると考える。

三、あるもの探しの「島おこし」

今回の地方創生もいつか来た道

「何とか活気を取り戻したい」「どうにか定住ができないか」

多くの島が、その想いに迫られている。それだけに、専ら公的な振興策ばかりを、頼りにしているわけにはいかない。まずは、できる限りの自助努力が必要だ。

少なくとも、ある程度は自立できる潜在能力がある島は、率先して自前の能力を発揮しなければならない。自らの特性を掘り起こして、地域の活性化、自立的な発展を目指す、個性的な「島おこし」に励まなければならない。

近年、本土と島の別なく、各地で「地方創生」が叫ばれている。労働力人口の急テンポな減少が現実化したことが、その背中を強く押している。

国は、2014年、地方自治体に対して、具体性を持つ地域活性化策を促進させるために、「地方創生総合戦略」なるものを策定した。その肝は、地方部における人口減少・人口流出に、どう歯止めをかけるかに尽きる。

地方圏に若年層が職に就ける場を、少しでも多く生み出し、若者の都市部、とりわけ大都市圏への流出にブレーキをかける。一方で、企業の工場などの誘致や、いわゆるU・I・Jターンのかたちで、地方への移住を促す。若年層の雇用の場を増やすだけではなく、結婚や、出産・子育てをしやすくする環境を整えるなど。

それらを、共通の目標に据えて、各地の自治体に、地域の固有事情を踏まえた、地方創生プランに取り組ませる。然るべきプランに対しては、国が財政支援で助成を行う。必要に応じて、専門人材なども派遣する。基本型は、そういった仕組みだ。

地方を活性化しようとする仕掛けづくりは、これまでも繰り返し実施されてきている。その都度、道路や、いわゆる〝箱物〟と称される施設の整備をはじめとする、公共事業の積極推進と、それを梃子にした企業誘致などが優先されてきた。

基本的には、大都市圏に集中してしまっている経済的資源を、地方に再配分することを通じて、地域間格差を縮小しようとする観点といえる。大都市圏のヒト・モノ・カネを、地方に呼び込む仕掛けづくりを重視した政策に力を入れてきたわけだ。

その結果、狙った効果が得られ、成果が根づいてきただろうか。現実には、いくら国や、地方自治体が旗を振っても、地方圏からの人の流出は止まらない。地方の経済の疲弊は、一段と深まっている。とりわけ、郡部の衰退が否めない。島の振興策と同じだ。利用者が減っているのにもかかわらず、公共施設などを立派にしても、地方創生にはつながらない。

そもそも、大都市圏から地方部へ、基礎的な経済資源を再配分しようとする、その政策自体が疑問だ。パイの奪い合いであり、経済活動の非効率化であり、長続きするはずがない。今回の地方創生の気運においても、従来とあまり変わらない推進コンセプトが、蒸し返されてはいないだろうか。企業の誘致合戦、都市部から若者の移住促進を図るための、公共的施策の枠組みづくり。自治体間で、国の補助金を取り合うといった、相も変わらぬ構図が透けてみえる。外部依存の姿勢にほかならない。

それを繰り返していたのでは、過去のように、尻すぼみになる。実際、このところ、地方創生という言葉自体を、急速に耳にしなくなっている気がする。施策が、スローガンを不要とするまでに定着したのであれば、結構なことだが。

「ないものねだり」なしの自助努力

これからは、国全体として、人口がみるみる減っていくという、未曾有の事態が避けられない。要するに、都市と郡部の別もなく、分配できるパイそのものが、全体として縮小していくわけだ。何よりも、その事実認識を大前提にして、今後を考えていかなければならない。加えて、国も地方も、財政事情が危機的な状況にあること。企業は、一昔前よりも、はるかにグローバルな視点に立って、事業を展開していること。

これら3点の現実は、些かも軽視できない。全体が縮小していく中で、パイを奪い合う分配の議論を続けても無意味だ。

「島おこし」においても、若者の定住を可能にする雇用機会の創出や、生活基盤の整備とともに、島外からの新たな住民の受け入れに力を入れているケースがみられる。

もちろん、移住者の受け入れは、本当に地に足のついたものであるならば、島を挙げて推進する価値がある。現実に、トカラ列島の十島村のように、移住者を中心に、人口が増加をみている離島も、ないわけではない。十島村では、就業者育成奨励金制度や、農業研修制度など移住者への支援策、あるいは、島外の若者との交流促進などが、功を奏しているようだ。

安易に島での生活に憧れてIターンしても、多くは長続きしていない。移住者受け入れ政策の成否は、すぐれて移住者と、受け入れる島サイド、双方の本気度と、工夫次第ということであろう。

いずれにしても、島民が、外部の資源や支援にばかり目がいく「ないも

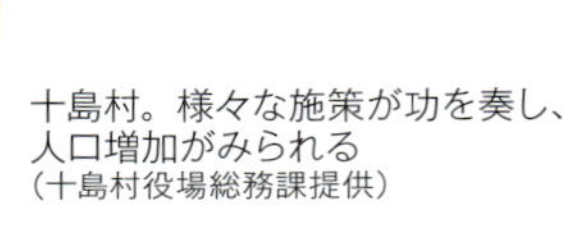

十島村。様々な施策が功を奏し、人口増加がみられる
（十島村役場総務課提供）

のねだり」の姿勢では、「島おこし」は成功しない。自らの島に埋もれている、潜在的な資源や固有の魅力、ほかの土地よりも強みをもつもの、それらをあらためて探り当て、活用していく自助努力が不可欠だ。そうした「あるもの探し」にこだわった「島おこし」を進めていく、主体的な姿勢が求められる。当たり前ではあるが、島の自立的発展には、島民の「やる気」こそが肝要ということである。

「あるもの探し」をベースにした、自助的な「島おこし」には、大きく分けて、二つの形態がある。ひとつは、地元に存在した特産品などを、あらためて商品化したり、ブランド化を図るなどの形で、地場産業を育成する取り組み。いまひとつは、スポーツイベントの開催なども含めた、広い意味での観光業の活性化を目指す取り組みである。以下、島で取り組まれている幾つか事例をみていこう。

海の水も特産品を生み出す

地場産業の育成努力については、すでに各島で、様々な取り組み例がみられる。典型的な事例として、瀬戸内海の西端に浮かぶ、大分県の姫島(ひめじま)で成果を上げているのが、車エビの養殖。かつての塩田の跡地を利用して、養殖を起こしたもので、「姫島車エビ」のブランドで、全国的に知られている。同県が進めてきた一村一品運動の代表的な特産品といえる。

八丈島の温暖な気候にマッチした、通称「ロベ」と呼ぶ、ヤシ科のフエニックス・ロベレニーの生産や、奄美の沖永良部島（おきのえらぶしま）で、九州一の出荷額を誇るエラブユリなど切花の生産。いずれも、経済価値の高い事業に成長している。

注目されるのは、沖縄の久米島で行われている、海洋深層水の活用。水深が2000メートル以上の、細菌が少なく、低水温でミネラルが豊富な深層水を使って、化粧品を生産したり、水産養殖業に活用するもの。久米島は、今や海洋深層水の研究で、最先端を誇るといわれている。

南のほかの島々でも、ピュアな海水から製造した自然塩を、特産品にしているケースがみられる。いずれも、まさに地元の「あるもの探し」の成功例といえるのではないか。こうした動向が、多くの島々に広がるのを期待したい。

しかしながら、特産品をブランド商品化する取り組みにしても、それを本格化するとなると、島ゆえの制約もあって、簡単ではない。

沖永良部島のエラブユリ
（〈社〉おきのえらぶ島観光協会提供）

「姫島の車エビ」
（姫島村役場水産･観光商工課提供）

土産品のレベルを超えて、商業ベースに乗る発展を図る場合、まずは市場から離れているのが、どうしても不利になる。物流コストのハンディキャップを克服できるだけの高付加価値の実現、流通コスト低減のための体制整備、それらが大きな課題になる。ＩＴの活用なども含めて、低コストで効果的な情報発信の手段が利用できるかどうかも、地場産業化の成否を握る重要なキーになる。

そうした技術的な課題の前にも、島のビジネスとして、軌道に乗せ、発展させていくうえで絶対に、不可欠な要素がある。一定数以上の働き手となる住民と、事業を支える人材が存在しているかである。

とくに、島の産品をブランド化しようとすれば、やはり専門家のサポートも必要になる。残念ながら、小さな島では、こうした人材面での基本的な要素こそが、解決できない壁になっている。

さらに、島の特産品化に馴染みやすい、アグリビジネスでは、農地面積が狭いという制約が避けられない。集積を高めるのが困難なため、宿命的ともいえる規模の零細性が、事業拡大のネックになってしまう。

久米島の自然塩「球美の塩」と
海洋深層水「球美の水」
（久米島海洋深層水開発株式会社提供）

島人と自然に優しい観光業を息長く

観光業おこしの取り組みはどうか。地元に観光客を呼べるネタになる、資源を見出せる島では、いわゆる体験型観光の事業化などに力を入れるケースが増えている。

自然環境の素晴らしさを訴えるだけではなく、その島ならではの楽しみ方を提供できるかどうかが重要だ。幸い近年は、アウトドア活動や、海洋レクリエーション志向が高まっているし、古民家の利活用などもブームになっている。それらが、島でも体験型の観光や、滞在型の観光を生み出すバネになっている。

目立った観光施設こそないものの、古民家の再生事業に力を入れている、長崎県の小値賀島。古民家ステイを含め、アイランド・ツーリズムと称されるようなジャンルで、地域活性化に成功している。

島外から一度に多数の集客を図るために、スポーツ大会や、話題性のあるイベント開催などで、振興を工夫する動きもみられる。スポーツ系では、

鹿児島·阿久根大島。
ストーリーづくりの幸福の鐘

長崎·伊王島。観光に注力

「宮古島のトライアスロン大会」や、「隠岐島マラソン」あたりが典型例。
与論島では、マラソン大会の開催が人気を集めている。周囲が23キロしかない島内で、42キロのフルマラソンを走るのがミソか。

イベント類も、多彩である。小豆島では、巨大カボチャの大きさを競う「どでかぼちゃ大会」が人気。大分県の保戸島では、「ブルー・ツーリズム」と名づけて、漁業体験や、海浜の清掃活動を組んだツアーを実施。

玄海の高島（たかしま）（佐賀県）は、島内の「宝当神社（ほうとう）」に参拝すると、宝クジに当たるご利益があるとして、全国の宝クジファンを集客。〝牛の島〟と呼ばれる沖縄の黒島では、毎年開催される「黒島牛まつり」の、牛一頭が当たる抽選会が人気。来場した全員が参加できる。

こうしたユニークなイベントを成功させるには、企画を具体化し、実行を支える母体の存在がキーになる。島内にそうした母体が、しっかりと組織化されていないと、イベント類も長続きしない。

慶良間諸島は、2014年に国立公園に指定された。それを機に、商工会の青年部などが中心になって、社団法人「チームけらま」を発足させ、各種のイベントを積極的に開催している。観光客は明らかな増加をみてい

トカラ列島・中之島（なかのしま）。
皆既日食のツアーのイベント

佐賀・高島の宝当神社

る。成功の裏には、しっかりとした企画と実行を支える人々の活動があるわけだ。
しかしながら、期待される観光業への傾斜も、実態としては、解決の難しい問題を孕んでいる。イベント類の開催については、現地へのアクセス難と、そのコストが苦しい。来島者が、一時的に急増する性格のため、受け入れる宿泊施設などのキャパシティーもネックとなる。

従来から、観光業が経済の主体をなしていた島でも、来島者のほとんどが夏場に集中してしまい、通年型にはなりにくいのが悩みである。今後、離島観光における、オン・オフシーズンの大きなギャップをいかに縮めていけるかが、難しい課題である。

「水が足りなくなる」

また、島は何といっても、小さな空間だ。観光地としての人気の高まりが、ある程度を超えると、受け入れが難しくなる。宿泊施設だけではなく、様々な面で、キャパシティーの限界が表面化し、本来の島民の安定した生活とのバランスが、微妙になってしまう。

来島者の増加にしたがい、何よりも、水の需要増に対応しにくくなっている島が少なくない。水不足が深刻化すれば、夜間の断水など、供給調整

沖縄·瀬長島。
島内美化運動を訴える看板

を余儀なくされかねない。

沖縄の竹富島は、赤瓦平屋の民家と、清潔な白砂の道という、琉球の原風景が残っている。観光地としての人気を高め、自然に人を呼び込むのは不思議でない。

ただ、面積が5平方キロ、人口は400人足らずの小さな島に、近年では、年間で約50万人の観光客が訪れていると聞く。こうした現状が続けば、問題なしとしない。水の不足だけではなく、貴重な自然環境や、伝承されてきた文化遺産なども、劣化してしまいかねない。いずれは、島全体としては、住民の日常生活そのものに、キシミや、悪影響が及んでくる怖れがあるだろう。地元の経済活性化の要請との間に生じる、悩ましいジレンマではある。

しかし、取り返しのつかない事態が表面化する前に、然るべき手を打つ必要があるのは、言うまでもない。そもそも、住民の生活や、環境を守るために、「竹富島憲章」まで定めている土地だ。すでに、世界自然遺産に登録されている小笠原諸島の一部の島では、環境を保護す

沖縄・由布島（ゆぶじま）の水牛車

る観点から、厳しい入島制限などの措置に踏み切っている。世界的にも貴重な自然は、みなで守らなければならないだろう。

「最高のビーチに、なぜ、こんなグロテスクな廃墟が残されているんだ！　南の島の美観が台無しではないか」

これまでの離島観光を振り返ると、本土の景気情勢や、短期間のブームのような現象に、翻弄されてきた面があるのは否めない。ブームが下火になって泣かされるのは、常に島だ。

沖縄本島から近い瀬底島（せそこじま）では、バブル期に、ビーチに面して巨大なリゾートホテルが着工した。しかし、２００８年に、運営を予定していた企業が破綻。その後、工事の途中で、建設が中止となってしまったホテルが、引き取り手のないままに放置されている。見苦しくも、無惨な廃墟の光景が、島内でもベストのビーチを寂しいものにしてしまっている。

今また、離島への旅が、人気上昇の様相を呈してきたという見方もある。島を元気にするためには、喜ばしい。ただ、短期的に膨んでは、しぼんでしまう、バブルのような島ブームであってはほしくない。リピーターを確保しつつ、島の本来の姿をしっかりと残していくことが大事だ。観光客にとっても、島民にとっても、自然環境にとっても、息長く続く離島観光を発展させていくべく、官民が力を合わせて、工夫を凝らしていきたい。

無人島を仲間と再生しよう

「島をさるく（島の方言で、歩き回る）のは、坂道が少し、べらっつい（キツイ）けれど、こんなに楽しいとは知らなかった！」「また、来たい」

最後に、筆者自身が幾らか関与している、無人島の活性化プロジェクトを紹介したい。島を一周するトレッキングに参加した人たちの弾んだ声。汗をかいた後、海を眺めながら囲むバーベキューは最高。昼からビールとワインが進み過ぎてしまう。

宮崎県日南市南郷の沖合に浮かぶ、面積2・2平方キロ、周囲9キロほどの、大島（筆者は「南郷大島（なんごうおおしま）」と呼んでいる）。温暖な気候で、近代日本最初の無筋コンクリート灯台など、豊かな観光スポットと、水産資源に恵まれている。昭和30年代には、数百名が生活し、小学校も存在した。しかし、その後は典型的な過疎化が進行。数年前、ついに最後の島民も去ってしまった。

「このまま無人島にしてしまわずに、何とか生き返らせられないか。宮崎県の価値ある資源を見捨てるな」

島の出身者や、地元関係者、自治体が、島の再生に向けた推進組織として、「大島プロジェクト会議」を立ち上げる。そして、遊歩道の整備、花木の植樹、亜熱帯果樹の試験栽培、体験型観光などを推進。筆者が代表幹事を務めていた宮崎経済同友会も、地元財界を代表して支援に乗り出した。

無人の離島として埋没させないためには、本土と連結している、定期船の運航を維持しなければならない。だから、一人でも多く島に渡ってほしい。経済同友会の会員企業は、社内レクリエーションのツアーを組んだり、島内で新人社員の研修などを実施。こうした諸活動は、地元の報道機関などにも、積極的に取り上げてもらった。幸い、島に渡る人数は、年々、かなりのペースで増えている。

宮崎県民でも、ほとんどが、この島の存在すら知らない。しかし、一度でも自らの足で島を歩いてみれば、必ずや何かの発見があるものだ。知らなかった魅力を掘り当てる。島を活かしたいという想いが湧いてくる。そして、地元が具体的に動き出し、行政を含めて周囲がサポートする。まさに、「あるもの探し」の地方創生ではないか。

こうした、地味ではあるが、地元による主体的な活動、自助努力こそ、地に足のついた、地方創生につながると信じている。

南郷大島・鞍埼灯台[上]と地元銀行新入行員の島内研修[左]

南郷大島

エピローグ

『あしたよなー』

「これまでに旅した島で、どこが一番気に入っていますか」

「特定の島は挙げられない。自分の子どものうち、誰が一番かわいいか訊かれるのと同じだから」

本音である。しかし、胸のうちでは、人生の最後に訪れたい島はどこか、その自問はしている。

本土からフェリーで4時間の南の洋上に浮かぶ島。活火山が噴煙を上げ、海底から噴出する温泉が、港や周辺の海をブルーとオレンジに混ぜ合わす。海と一体になって、波しぶきを浴びる、岩場の天然温泉。雄大な光景を一人占め。

集落には、西アフリカの伝統楽器ジャンベのスクールが佇む。夕空に、トントコタンと異国のリズムが響く。椿林で、野生のクジャクが見事な羽を広げる。特産品の大名竹が美味い。ひっそりと漂う平家物語の世界。

この多彩な素材が詰まった、野趣あふれる小さな島へ、幾度も足を運んだ。この島がどこか。本書を読まれた方は、お分かりになるだろう。

繰り返し述べたように、島々には、すでに失われてしまったり、失いつつある古来からの日本が、なお息づいている。古代日本を見たわけではないが、そう信じている。同時に、島の地域社会が直面している苦悩には、この先の、国全体の課題を示唆しているものも少なくない。そして、国境を形成する島々は、昔も今も、国防と国益の最前線を担っていることを、忘れてはならない。

だからこそ、「島のてっぺんに立って、日本の今を見つめ直す」意味がある。わが国は、世界に冠たる多島国家である。少しでも多くの人が、島への関心を高めてほしいと切望している。

素人の想いをつづった拙文にお付き合いいただき、感謝申し上げる。薩摩半島の南海上に、島全体が原生林でおおわれた「黒島」が浮かぶ。その島を去る旅人は、「さようなら」を意味する情感のこもった島口「あしたよなー」で送られる。その言葉を借りて、お別れしたい。

令和元年十一月

［著者略歴］

小池光一（こいけ こういち）

昭和22年11月30日生まれ
昭和45年４月　東京大学経済学部卒業
昭和45年５月　日本銀行入行
昭和49年７月　米国ペンシルヴァニア大学ウォートン大学院留学
昭和51年６月　同大学院卒業（経営学修士、MBA取得）
平成12年５月　同理事就任
平成14年６月　同理事退任
平成14年６月　NTTデータシステム技術㈱代表取締役会長就任
平成17年５月　同代表取締役会長退任
平成17年６月　株式会社宮崎銀行特別顧問就任
平成17年６月　同専務取締役就任
平成19年６月　同取締役副頭取（代表取締役）就任
平成20年６月　同取締役頭取（代表取締役）就任
平成27年６月　同取締役会長（代表取締役）就任
平成30年６月　同取締役会長（代表取締役）退任

現在、㈱アイランド・プロ代表取締役

平成27年６月～30年６月　一般社団法人九州経済連合会副会長
平成27年４月～30年４月　宮崎県経営者協会会長
平成27年６月～30年５月　宮崎経済同友会代表幹事　等を歴任

みやざき文庫 137

島のてっぺんから日本の今が見える
シマ好きバンカーの島学こと始め

2019年11月26日 初版印刷
2019年12月３日 初版発行

著　者　小池光一

発行者　川口 敦己

発行所　鉱脈社
宮崎市田代町263番地　郵便番号880-8551
電話0985-25-1758

印　刷
製　本　有限会社 鉱脈社

発掘・継承・創造 ―― 《いのち》をうけ継ぎ・育み・うけ渡そう ――